烏賀陽弘道

SLAPP

スラップ訴訟とは何か

裁判制度の悪用から言論の自由を守る

現代人文社

プロローグ

「スラップ」を調べ始めた理由《わけ》

突然、裁判を起こされたら？

もしあなたが「被告」として民事裁判を起こされたら、どんな思いがするだろうか。「困る」ことは容易に想像がつく。

裁判所に行かなくてはいけないのか。そもそも裁判所ってどこにあるのか。時間を使いそうだ。仕事はどうすればいいのか。育児は。家事は。弁護士を雇わなくてはいけないのか。お金がかかりそうだ。あんな堅苦しいところで「勝ち／負け」「正しい／間違っている」を決められるなんて、考えただけで緊張する。楽しくない。愉快じゃない。何となくでも、そうわかる――。

そもそも、私は裁判を起こされるようなこと、つまり「間違ったこと」は何もしていない。だから裁判など起こされるはずがない。よって、考える必要がない。だから考えたことがない。どんな世界が待っているかなど、まったくわからない――。

ごもっともである。が、本書に登場する訴えられた人たちも、大半は「自分は裁判所や警察とは一生無縁で過ごすのだ」と思っていた（私もその一人である）。そんな「何もかも未知の、右も左もわからない世界」に無理矢理引きずり込まれること自体が、ひどいストレスだ。だいたい、悪いことをした覚えもないのに、裁判所に引っ張り出され「被告」と呼ばれるなど、不愉快でない人のほうが少ないだろう。

裁判を起こされると、そうした「苦痛」が与えられる。お金や時間、手間を費やすよう強制される。しかもそれが年単位で長く続く。裁判を起こす側にすれば、判決の勝ち負け以前に、裁判さえ始めれば、それだけで相手に苦痛を与えることができる。

この民事裁判の性質を利用して、相手に苦痛を与えることができる。隣家の主とけんかになり、罵倒されたので、土地の境界線が曖昧なのをネタに訴訟を起こす。浮気がバレて離婚と慰謝料を請求する訴訟を起こされたので、配偶者の浮気相手を探し出して慰謝料訴訟を起こす。「嫌がらせ」「仕返し」「腹いせ」「意趣返し」「報復」を目的として民事訴訟を起こすことができる。お金や手間を気にしなければ、提訴すること自体はまったく合法である。実際に、こうした「相手に苦痛を与える動機で提訴される訴訟」は日常茶飯事である。

こうした「嫌がらせ目的の訴訟」のうち「相手が公に言った発言が気に入らないので、報復として提訴する訴訟」のことを「スラップ」という。本書のテーマはこの「スラップ」である。英語では「ＳＬＡＰＰ」と表記する。意味や語源などは本文で詳しく解説する。とりあえず、「スラップ」という言葉だけ覚えていただきたい。

悪用される裁判制度

本書は、このスラップが日本で新しい社会問題として深刻化している様子を報告する。そしてその解決法を考える。

「思ったことを公に言う」行為を「言論」という。日本では「言論」というと記者や学者、弁護士や政治家など「職業的言論人」の活動のように誤解されているが、本当は違う。「言論」とは本来「ごく普通の市民が自分の意見や考えを多数に向かって言う」ことである。「言論の自由」といえば「マスコミ（とかエラい人）の活動の自由」のように誤解している人が多いが、本来は市民全員に等しくこの自由がある。

言われた内容が気に入らない、というのは十中八九「批判」や「反対」「反論」である。誰かが自分を批判した。何かやろうとしていることに反対した。そういった「意見」「言論」を嫌って、相手に苦痛を与え、批判や反対を挫けさせよう、封じようとする訴訟。それがスラップである。

インターネット、特にブログやソーシャルネットワークサービス（SNS。ツイッターやフェイスブックなど）が日常的になったため「公に発言する」という行為が何かは、理解されやすくなった。ブログやツイッターでの発言は非常にわかりやすい「公的発言」の例である。「言論」というと、どうしても職業言論人の活動のように誤解しやすいので、本書ではこちらを使う。

インターネット上でなくとも、公的発言の機会はたくさんある。近所にゴミ処理場や高層マンションを建設する計画が発表されたので、住民説明会で反対意見をいう。子どもの担任の教師についての苦情を市役所や教育委員会に申し立てる。パート先で賞味期限を偽装するステッカーの張り替えが行われているのを目撃した。バイト先で法律で規制されている食材が客に出されているのを見た。義侠心からマスコミや保健所に通報する。その自覚はないかと思うが、これらはすべて「公的な意見表明」である。

こうした「公的な意見表明の自由」は日本国憲法で保障されている。「第二十一条　集会、結社及び言論、出版その他一切の表現の自由は、これを保障する」という部分である。憲法は国の最高法規ですから、侵害するような行為は（ごくわずかな例外を残して）許されない。

さて、ここで矛盾にお気付きだろうか。

スラップは相手の批判や反対を押さえ付けるための提訴だと書いた。裁判所という法律を守るためのシステムを使う「提訴」という行為が、最高の法律である憲法で保障された自由や権利を侵害してしまう。矛盾している。

「提訴する権利」は誰にでも保障されている。「裁判を受ける権利」として日本国憲法32条に明記されている。

スラップが問題なのは、まさにこの点である。こともあろうに、法律を正しく執行し、市民の権利を守るためのシステムである裁判制度が悪用され、憲法が保障する市民の権利を侵害してしまう。被害者を生む。しかし一方「提訴する権利」も国民の権利である。提訴には違法性がない。この矛盾が、スラップが社会問題として深刻な理由なのである。

「スラップ」という概念すらない日本

世界で最初にスラップを社会問題としてとらえ、被害を防ぐ法律を整備したアメリカでも、そのことがまず問題になった。

「批判や反対を発言した」→「提訴された」→「時間や金銭、心身が疲弊した」→「ひどい目に遭った」→「もう発言はこりごりだと思った」→「しかし、提訴はまったく合法で、それを違法行為とすることはできない」という矛盾が発生した。被害が発生しているのに、何一つ「違法」な行為がないのである。これはヘンである。

アメリカ人がこの矛盾に気付き始めたのが1980年代中ごろだ。コロラド州で、法学と社会学の二人の学者が共同でリサーチをして「そういうふうに、公的発言を妨害するための民事訴訟を『スラップ』と呼ぼう」と提唱した。その提案は多くの賛同者を得て「反スラップ法」の法制化が州から州へと広まった（アメリカは州政府の権限が大きく、日本では国会が定める民事訴訟法を州議会が定めている）。現在、28州・2地域が成文法や裁判所規則など何らかの形でのスラップの被害を防ぐ法的措置を持っている。2010年には初めての反スラップ連邦法案が連邦議会に提案され、審議されている。連邦法が可決すれば、アメリカは国全体としてスラップの被害を法律で防ぐ新しい段階に入る（2015年4月現在、継続審議中）。アメリカだけでなく、スラップを規制する動きは、カナダ、オーストラリアなどにも広がっている。

ところが、日本では「スラップ」という概念すら紹介されていない。スラップについての基礎文献の日本語訳すら出ていない。私も本書を執筆するにあたって必死で探したが、まとまった論文もほとんど見つからなかった。詳しい研究者や弁護士にも出会えない。研究の世界でもそうなのだから、まして実務の殿堂である裁判官で知る人はまずいない。限りなく「情報空白」に近い。

本書の目的は、日本にスラップという概念を紹介し、日本にもスラップの被害を防ぐ「反スラップ法」「スラップ被害防止法」が必要なのではないかと問うことである。法制化のための提案、予想される問題点についても述べていく。

結論を先に言うと、私は日本にもスラップ被害防止法が必要だと考えている。日本でもアメリカの定義に当てはめればスラップに該当する訴訟は頻発しており、そのために発言を封じられて権利と自由を侵害されている「被害者」が現に出ているからである。被害者が厳として存在する以上、彼らを救済するのは立法政策の重要な仕事ではないか。そうした「日本におけるスラップ訴訟の実例」も本文中で紹介する。

自分が訴えられたオリコン裁判

私がスラップ訴訟に興味を持ったきっかけは、私自身が、スラップ訴訟の被告にされ、被害を受けたからである（第4章で詳述する）。当事者として裁判を33カ月体験した。失った金銭（概算で1000万円弱）や心身の苦痛はひどいものだった。が、その代わり、裁判官や弁護士と密度の濃い時間を過ごすうちに、それまでは一取材記者としてしか見えなかった裁判制度の様々な問題点が、切実に我が身に迫ってきた。

本書は、そうした「当事者として見た裁判制度の問題点」が出発点になっている。その裁判を「オリコン裁判」という。さらに詳しく知りたい方は西岡研介氏との共著『俺たち訴えられました！』（河出書房新社）をご笑覧いただきたい。

ここで一つだけ言っておきたいのは、こういうことだ。「思ったこと、考えたこと」を自由に発言できて、それによって何ら罰を与えられない。これは民主主義にとって死活的に重要な「自由」の中でも、もっとも基本的で、重要な自由ではないか。個人と社会とのつながりとして「発言すること」ほど重要な行為はないはずである。それが堂々と侵害されて、抑止する法的手段が何もない、権利侵害とすら認識されていないのである。

こうした社会、日本は本当に民主主義国といえるのか。誰も、今日の日本を「成熟した民主主義国」と呼ぶのをためらわない。しかし、私は法廷で、それを何度も自問自答せざるをえなかった。そして、その答えを求めて、自費でアメリカに3度旅をして、取材をして回った。資料を買って読みあさった。そして気づいた。スラップについて考えることは「自由」や「権利」について考えることであり、ひいては「民主主義」について問い直すことなのだ、と。

本書は「この国は本当に民主主義国と呼ぶに値するのか」という壮大な問いへの、非力な私のささやかな考察の痕跡でもある。

なお、本書中に出てくる日本の裁判で「スラップ」と記述されている訴訟は、すべて「アメリカでの定義に照らすとスラップに該当する」という意味である。繰り返すが、日本にはスラップという法概念は存在しない。よってスラップを不法行為であるとする法律もない。すなわち、アメリカではスラップに該当するような日本の訴訟例であっても、日本では（提訴そのものは）すべて適法である。よって、提訴者（原告）やその代理人（弁護士）は日本の法律の範囲内で提訴をしている。どうぞ誤解なきよう、あらかじめお願いしておきたい。

なお、本文中は人物名の敬称を略し、肩書きや年齢は取材当時のままとさせていただいた。

スラップ訴訟とは何か
裁判制度の悪用から言論の自由を守る

目次

プロローグ　「スラップ」を調べ始めた理由《わけ》……iii

第1章　船橋市とカルフォルニア、日米ふたつの裁判……2
マンション開発会社が住民を提訴……2
カルフォルニア州でのスラップ訴訟……9
日本とアメリカとの差はどこからくるのだろうか……17

第2章　スラップとは何か……20

第3章　なぜスラップは被害を生むのか……44
民事裁判の悪用……44
民事裁判の性質から考える……46

第4章　日本にもあるスラップ裁判例……66
原子力発電所建設をめぐるスラップ訴訟……67
【上関原発事件】……67
在日米軍基地問題でのスラップ訴訟……69
【沖縄・高江米軍ヘリパッド事件】……69
福島第一原発事故に関連したスラップ訴訟……73
【経産省前テント事件】……73
【東電フィクサー事件】……74
内部告発・取材情報源へのスラップ訴訟……75
【新銀行東京事件】……75
【オリコン事件】……79
労働組合・雇用をめぐるスラップ訴訟……82
【DHC・労組事件】……82

【アルファデザイン事件】……84
環境保護運動へのスラップ訴訟……86
【馬毛島事件】……87
宗教団体や自己啓発団体などが関係したスラップ訴訟……88
【オウム真理教・江川紹子事件】……88
【幸福の科学事件】……90
【ホームオブハート事件】……92
報道へのスラップ訴訟……93
【武富士事件】……94
【北海道警裏金報道事件】……97
【キャノン御手洗会長事件】……101
【読売新聞押し紙事件】……103
【安倍晋三秘書・山田厚史朝日新聞編集委員事件】……107
【クリスタル・週刊東洋経済事件】……109
【毎日新聞・サーベラス事件】……110
【JR総連・JR東日本労組事件】……112
【特別養護老人ホーム「ルミエール」事件】……114
【ルーシー・ブラックマン本事件】……116

【UNIQLO事件】……117
消費者情報へのスラップ訴訟……118
【マグローブ・水商売ウオッチング事件】……119
学術論文をめぐるスラップ訴訟……120
【松井三郎・中西準子事件】……120
【APF・昭和HD・野中郁江事件】……122
ブログを対象にしたスラップ訴訟……126
【DHC・澤藤統一郎弁護士事件】……126

第5章 アメリカでのスラップ被害防止法の歴史と背景……129
スラップ被害防止法はいかにして生れたか……129
アメリカ各州のスラップ被害防止法……137
カルフォルニア州の反スラップ法……141
ニューヨーク州の反スラップ法……147

第6章　日本でスラップ法導入への課題と提言……159

民事訴訟法の改正が現実的……159
「提訴する権利」「裁判を受ける権利」の侵害という見解への反論……161
法治国家として法律の抜け穴をふさぐ……162
反スラップ法は「弱者保護」ではなく「民主主義の保護」である……163
民主主義と資本主義の衝突……166
インターネット時代に「唯一の公開論争の場」でなくなった法廷……169
インターネット時代にはスラップは増えこそすれ減らない……170
裁判所というパブリックシステムの浪費を防ぐ……172
刑事告訴はスラップなのか……173
日本の言論の自由はアメリカより50年遅れている……175
福島第一発電所事故という巨大な論点が起きた……178
「報道被害」の救済をどうするのか……180

第7章　もしスラップ提訴されたらどうすればよいか……184

ある日突然やってくるスラップ提訴……184
内容証明郵便が来たら提訴を覚悟せよ……186
始まりは裁判所からの書留郵便……188
弁護士は「誰でもいい」ではない……190
「提訴された」ことをどう発信するのか……192
疲弊をできるだけ避ける……195
反訴はしてもよいがあまり期待しない方がいい……199

《参考資料》カルフォルニア州民事手続法425条16項（原文）……153
ニューヨーク州公民権法70条-a・76条-a（原文）……156
資料・リンク集……203

SLAPP

スラップ訴訟とは何か

裁判制度の悪用から言論の自由を守る

烏賀陽弘道

第1章　船橋市とカルフォルニア、日米ふたつの裁判

マンション開発会社が住民を提訴

高層マンション建設をめぐる住民の反対運動

千葉県船橋市は東京に通勤する人々が住む、郊外の住宅地だ。市名の「船橋」より、都心からJRや京成電鉄が乗り入れる「津田沼」という駅名のほうが知られている。電車に乗ると、新宿や銀座といった都心のオフィス街まで45分ほどで到着する。東京圏では通勤負担が少ないほうだ。だから人気は高い。

駅から5～10分歩いてイオンやパルコの並ぶ駅前を抜けると、静かな住宅街に入る。そこからは、

なだらかな丘陵に一戸建ての住宅が続いている。昔はのどかな農業地帯だったのだろう。離れや農機具小屋といった農家の名残をとどめる古い家も少なくない。背の高い建物といえば、せいぜい3階建てのアパートぐらい。鎮守や雑木林の木立があちこちにあるせいか、都心より空気がおいしく感じられる。

目指す地区は、遠くからでもすぐにわかった。低層住宅地に、13階建てのマンションがにょっきりと突き出すように立っていたからだ。宅地の高層化が今なお進む東京周辺では、珍しい光景ではない。マンションに近づく。周囲の家の塀や駐車場の柵に掲げられた「マンション建設反対」などとかかれた黄色い幟旗や看板が目に入る。低層住宅地に高層マンションが建設されようとしていることをめぐって、周辺住民が反対運動を起こしていた。

この平凡な住宅街を、私が訪ねることにしたのは、この反対運動をめぐって、マンション開発会社が住民を提訴したからだ。そして運動は立ち消えになった。住民がマンション会社を提訴したのではない。マンション会社が住民を提訴したのだ。その提訴はアメリカでいう「スラップ訴訟」の定義にぴったりと当てはまる。

その訴訟の詳細を住民たちに聞きに来た。

アメリカでは「裁判制度の悪用」として州法（日本での国の法律に該当する）に被害を防止する法律があるスラップ訴訟だが、日本の法律ではまったく規制がない。

住民たちが心配した「日照」「風害」「圧迫感」など居住環境

都市部に住んでいれば、マンション建設はごく身近に起こりうる。住民として反対の意思表示をすることも珍しくない。すると、スラップ訴訟が起きる潜在的な危険性はどこにでもあることになる。

この係争になったマンションは「デュオヒルズ津田沼前原」という。パンフレットには「十三階建て「百七戸」とある。「中規模マンション」といえるだろう。東京都千代田区に本社がある不動産開発会社「フージャースコーポレーション」(以下フージャースと略)が開発した。2009年5月に完成して販売を始めた。「緑ゆたかな高台の邸宅　3LDK・70平方メートル超の部屋が千九百万円台から」と販売当時のパンフレットにはある。

訴訟を起こした「原告」(民事裁判を起こす側を指す法律用語)が、この「フージャース」社だ。それに対して起こされた側「被告」は住民3人。60歳代の男性1人と女性2人。うち2人は夫婦である。会社が3人に請求した金額は2千万円。会社側が書いた「訴状」(提訴の内容を書いて裁判所に提出する書類)に記されている。

裁判書類や証拠のビデオ画像に目を通したあと、現場に来た。マンション周囲を見て回った。そして3人に会って話を聞いた。

住民たちがマンションの建設計画を知ったのは2006年7月だった。低層の住宅街に高いマンシヨンが建つという計画に、住民たちが心配したのは「日照」や「風害」「圧迫感」など居住環境への影響だった。住民たちは週3～4回近所で集まって話し合いを重ねた。フージャースとは月に1回のペースで話し合いを持った。しかし妥協点は見いだせなかった。業者側は許可申請手続きを進めた。2006年12月には船橋市役所から許可が出た。

前後して、住民たちは自分の家や土地に黄色いのぼり旗や看板を掲げ「マンション建設反対」の意思を表示し始めた。同じ趣旨でインターネットにウエブサイトを開設したのもこのころだ。冒頭、私がマンション近辺を歩いて目にしたのぼりや立て看板だ。マンション名で検索すると、住民のウエブサイトも簡単に出てくる。マンションを買おうかどうしようか考えている人は、まずネットを検索するだろう。現地の下見にも来るだろう。地元住民が反対運動を起こしていることは容易にわかる。のぼりや看板に違法性はない。立っているのはどれも住民たちの自分の私有地の内側である。のぼりや看板による意思表示は憲法の「表現の自由」の範囲内だという最高裁判例がある。

民事提訴されるとは、よほど激越な住民運動だったのかと思った。が、意外なことに訴えの対象はのぼりや看板、ウエブサイトの内容ではなかった。

提訴内容は「通行妨害」

フージャース社が提訴した内容を訴状（2007年9月）で見てみた。提訴の内容は「通行妨害」

だった。「平成十九年四月二十四日」から「七月三日」まで6件の日付で「三人が作業用トラックの通行を妨害した」とある。

建設現場は、幹線道路から住宅街に細い道路をしばらく入る。この道路は朝夕は車や通学の子どもがあふれる。そこにダンプや工事用トラックが行き交うので、住民が神経をとがらせていた。

住民側の「妨害」とはどのような行為なのだろう。そう思って、同社側が証拠として法廷に提出した証拠のビデオDVDを見てみた。が、訴状にあるような「トラックの前に立ちはだかる」といった暴力的な妨害は映っていなかった。トラックの横で住民が作業服姿の人々に苦情を言っている。あるいは立ち話をしている。そんな、どちらかといえばのんびりとした風景が映っていた。

フージャース側は「この複数の行為によって工事が遅れた」と、その損害を賠償する2000万円を3人に請求した。

まったく不可解な「事実」も挙げられている。被告の1人の女性が、マンションそばの自宅前で「マンションの購入を考えている」という見知らぬ男女と立ち話をした。その一部始終が知らない間に録音され「『雨の日にコンクリート工事をしているのでコンクリートの質が心配だ』などと話し、営業を妨害した」と500万円が請求されたのだ。しかも、驚いたことに、裁判所に提出した書面で、フージャース側がこの「男女」が自分たちが用意した人間だと認めている。つまり男女は「おとり」だった。自分たちが用意した人間がいなければ起こらなかった「事実」を不法行為として提訴するというのは、筆者の倫理的な理解を超えている（提訴する際には提訴内容の正確さは問われない＝第3章で後述）。

不思議なことといえば、他にもある。最大時70人ほどいた反対を表明していた住民の中で、なぜ3人だけが被告に選ばれたのか、合理的な説明がどこにもないのだ。3人は積極的に動いてはいたが、組織のリーダーではない。他にも積極的だった住民はいる。住民たちは「見せしめにされた」と考えている。会社側が取材を拒否しているので、本当のことはわからない（誰を被告にするかは提訴する側の一方的な選択に委ねられている＝第3章で後述）。

疲れ果てた住民

訴訟が裁判所に起こされたのは2007年9月。東京地裁は受理し（提訴内容に法律・制度上の誤りや不法性はない。これも第3章で後述）審理が始まった。間もなく、被告にされた3人に裁判所からの通知が書留で届いた。

裁判を起こされたとき、どんな気持ちだったのだろうか。

「もちろんイヤです。イヤに決まっています」。

被告になった3人の1人、城間由紀子さんは言う。

城間さんは整体師だ。残る2人、青木夫妻のうちご主人の青木さんは、印刷会社を経営している。

裁判にかける時間や準備、打ち合わせなどの手間がかさんだ。それで仕事の時間を奪われた。これは収入に響く。

裁判を起こされて防戦することの疲弊は筆に余るものがある。心身ともへとへとになる。特に夫婦そろって被告にされた青木さん夫妻は、家庭の中にもピリピリとした緊張感がもたらされた。ほっと心安らぐ時がない。最後には、青木さんは呼吸困難を起こして入院してしまった。

個人と会社が裁判を争うと、力のアンバランスは明白だ。企業には人手がある。金銭の負担能力がまったくちがう。裁判対応を担当する従業員がいる。個人は不利だ。最後は経済的・精神的・肉体的負担の限界まで追い込まれる。弁護士費用は数十万円単位だ。

さらに裁判のせいで3人は近隣住民から切り離され、孤立感を味あわされた。

「裁判が起きたとたんに（ほかの住民が）みんなすっと引いていった」。

「裁判が起こされたことで、回りの見る目が変わった」。

「屈服せずに戦っていると『まだやっているの?』『変わった人ね』という声が聞こえて来る」。

裁判の提訴後、住民側は分裂してしまった。ある人は沈黙し、ある人は3人を無視するようになった。翻って3人を攻撃する人も出た。フージャース側は「のぼりや看板、HPを撤去しないと（日照や電波障害の）対策費を支払わない」と住民に伝えてきた。こうした対策費と裁判は対象も内容も関係がない。近隣の何人かが「いつまでもあの3人がしつこく抵抗しているから、もらえるお金ももらえない」と言い始めた。

青木さん夫妻と城間さんたち被告にされた住民に会って気づいたのは、本書の取材でもなお、神経質にフージャースの報復を恐れていたことだ。「何かを発言すると、フージャースがまた何か弁護士を使って何かをしてくるのではないか」というのだ。同社の提訴がもたらした苦痛は十分に「萎縮効果」を発揮したようだ。

結局、疲れ果てた住民側3人は力つきた。2009年9月、3人はフージャース側の望む条件で和解に応じた。それは「ホームページの閉鎖」や「看板やのぼりの撤去」「反対運動の中止」だった。裁判の争点である工事妨害の有無にはまったく関係のない内容である。この和解で会社側が訴訟を取り下げたことを見れば、彼らの望んでいたことが「工事の遅延で生じた損害の賠償をすること」ではなく「マンション反対の意見表明を封じること」だったとわかる。

カルフォルニア州でのスラップ訴訟

小さな「オロビル」という町

フージャース訴訟に酷似した「開発会社が反対する地元住民を相手に起こしたスラップ訴訟」をもうひとつ紹介しよう。

ただし、舞台は地球の反対側。アメリカはカルフォルニア州の山間部にある小さな「オロビル」という町である。日本から行くなら、サンフランシスコまで飛行機で飛び、レンタカーを借りてフリーウエイを5時間ほど走る。

映画で見るような、片側4車線のフリーウエイが2車線、1車線と細くなる。オロビルの街からさらに山間部へと入り、牧場を横切る砂利道を上がっていくと「ドライ・クリーク」という集落にたどり着く。道に沿って30世帯ほどの家が肩を寄せ合っている。深い緑に包まれた美しい集落だ。

牧場のような敷地を車で進むと、家から男性が出てきた。

「遠くから、ようこそ来てくれましたね」。

リッチ・マイヤーズさん（65歳）と奥さんのダーリーンさんが迎えてくれた。マイヤーズさんは消防士やスナック菓子のセールスマン、学校事務員として働き、引退した年金生活者である。

鳥や動物、花木といった自然が好きで、この山深いドライ・クリークに家を買って移り住み、30年になる。この集落には、車で一時間ほどのところの州立大学に勤める教師や公務員、引退者が住んでいる。

「これがドライ・クリークです」。

マイヤーズさんが案内してくれた。自宅そばの畑を通り、森を抜けたところに、小川が流れていた。村の名前の由来になった清流だ。上流は集落の水道の水源でもある。この川が、マイヤーズさんたち住民を被告とするスラップ訴訟の原因になった。

ことの始まりは、2007年3月。この川の上流で採掘会社「ノース・コンテント」が露天掘りの工事を始めた。道路をダンプが行き交い始めた。前後して、ドライ・クリークの流れが底が見えないほど茶色に濁った。確かめてみると、工事現場は自分たちの上水道の取水源のすぐそばだった。住民たちは不安を抱いた。

周辺は19世紀にゴールドラッシュでできた集落である。今でも時々、金やレアメタルを求めて採掘業者が山を削る工事をしている。この業者もそうだった。30年以上前に採掘免許を取って工事をしないままになっていた地元の業者と合弁の企業をつくった。カルフォルニア州の環境保護法が定める影響評価（アセスメント）をせずに工事を始めた。住民側にすれば、自分たちの住む環境への影響がどうなるのか、知りたいところである。が、企業側に申し入

スラップ訴訟のきっかけになった採掘現場を指すリッチ・マイヤーズさん（カルフォルニア州ドライ・クリークにて）

れても、らちがあかなかった。採掘免許を取った地元業者との合弁なので、法的義務がはっきりしないのだ。

マイヤーズさんは近所の住民20人を誘って住民団体「ドライ・クリーク連合」(Drycreek Coalition)をつくった。ウエブサイトを開き、寄付を募った。1万2千ドルが集まった。水質検査や工事現場の空撮を依頼した。弁護士や運動家を抱える環境NPOが支援した。所管官庁であるビュート郡政府に手紙やメールを送り、陳情した。

が、工事は進んでいく。やむなくマイヤーズさんらが原告になって、アセスを求める訴訟を採掘会社を相手どって起こした。工事中止の請求とはちがう。法律に沿って必要な手続きを求める訴訟は敵対的なものではない。

届いた配達記録つきの分厚い封筒

2008年11月、いつもの通り平穏に暮らしていたマイヤーズさんの家の郵便受けに、配達記録つきの分厚い封筒が届いた。

「こりゃあ一体なんだ⁉」(“What the hell is this?”)。

封を切ったマイヤーズさんは仰天してその場で叫んだ。採掘会社の弁護士からの「あなたを被告に訴訟を起こした」という通知だったのだ。請求金額は100万ドル(1億ドル)。「企業秘密の漏洩」

「私有財産の侵害」。まったく心当たりのない請求原因が並んでいた。

間もなく家の電話が鳴り始めた。一緒に反対の声を上げている近所の人たちだった。驚いたことに、運動に参加している住民全員が被告になっていた。支援している環境NPOのスタッフや、顧問弁護士の名前まで被告に書かれていた。

「住民たちのウエブサイトに掲載されている工事現場の写真の公開は、企業秘密の漏洩」。

「写真を撮影した場所は当社の私有地であり、撮影は私有財産の侵害」。

訴訟の内容も、まったく理解できない内容だった。マイヤーズさんはじめ住民たちは混乱した。

「こちらは何も間違ったことはしていないはずだ」。

「こんな訴えには何の根拠もないじゃないか」。

「大丈夫だ、悪いようにはならないとは思っていても、やはり怖かったですよ。恫喝されていると思った。裁判なんて経験がないですから、裁判官がどんな判断をするのか見当がつかない。怯えました」

（リッチさん）。

「私たちは、警察や裁判所にはかかわったことすらないんです。一生かかわらないと思っていました。なのにこんなことに巻き込まれるなんて。裁判所は市民のためにあるのに、企業利益のために使うなんて信じられない」（ダーリーンさん）。

日本人には「アメリカ人は訴訟慣れしている」という思い込みがあるが、大半の庶民にとって裁判は日本人と同じように「遠い世界のこと」だ。

住民側に弁護士費用負担は一切発生しなかった

やがて、被告にされた環境保護ＮＰＯの弁護士が「こういう訴訟を確かスラップと言うはずだ」と気づいた。その弁護士は環境問題が専門だったので、サンフランシスコにいるスラップ対策専門の弁護士に連絡を取った。アメリカでは、州が違うと、法律体系がまったく異なる。弁護士免許も州ごとにちがう。州や分野がちがうと、弁護士でもまったくわからないことが多い。

「それは典型的なスラップですね。向こうが勝てる見込みはありません」。

電話の向こうで、マーク・ゴールウィッツ弁護士（第５章参照）はそう断言した。そして弁護を引き受けた。

しかし、マイヤーズさんはまだ状況が飲み込めなかった。「スラップ」という言葉も、自分が住むカルフォルニア州にある反スラップ法も、まったく知らなかったからだ。

「一体いくらお金がかかるのだろう？」。

それが心配だった。

アメリカの弁護士報酬は日本以上に高額だ。時給制で料金を請求する。相場は1時間350〜500ドルだ。有名な弁護士だと1000ドル近くすることもある。訴訟を起こされて弁護士費用が払えず、借金のあげくに自宅を抵当に取られてしまうことも珍しくない。裁判を起こされただけで、ホームレスになるかもしれない。それくらいの金銭負担が発生するのだ。

それで一体いくらかかったのか。

「全部で300ドル（2万4000円）ですね」。

計算が合わない。それでは弁護士料にもならない。何の費用かと思ったら「裁判所の使用料」だという。日本では「印紙代」と呼ばれる裁判所の「場所代」だ。それだけなのだろうか。アメリカに比べて弁護士費用の安いと言われる日本でさえ、弁護士費用は数十万円は覚悟しなくてはならない。

その話は本当だった。マイヤーズさんら住民側に弁護士費用の負担は一切発生しなかったのだ。

カルフォルニア州法の「反スラップ法」（Anti SLAPP Law）の定めで、裁判所が「この提訴はスラップである」と認定した場合、裁判を起こした側（この場合は採掘会社）は、自分たちが雇った弁護士だけでなく、訴えた相手（マイヤーズさんら住民側）の弁護士費用も払わなくてはならない。マイヤーズさんら住民が雇ったゴールドウィッツ弁護士への報酬は、提訴した採掘会社が支払ったのだ。

マイヤーズさん側の弁護士は、州法の規定に沿って「採掘会社が起こした民事訴訟は、住民の反対を封じることを目的とした『スラップ』である」という動議（詳しくは第5章参照）を裁判所に出した。２００９年6月のことだ。これも州法の規定どおり、裁判はその時点でストップ。住民側の時間や金銭の負担は止まった。

半年後の同年12月16日、裁判所は住民側の主張を認めて「本訴訟はスラップである」と認めて訴えを却下。裁判は審理に入らないまま1年余りで終わった。

「素晴らしいクリスマスプレゼントでした」。

マイヤーズさんは、一緒に戦った住民や環境保護運動家、新聞記者を自宅に招いてシャンパンをぬいて祝賀会を開いた。もっと長い時間と多額の費用がかかると思っていただけに、ほっとした。

裁判所は、採掘会社に住民側の弁護士費用２万４千ドルを払うよう命じた。また環境アセスメントを実施するよう命じる判決も別に出た。金銭の負担に耐えられなくなった採掘会社は、工事をあきらめ、撤退した。

住民たちに平穏な暮らしが戻って来た。

「この町から引っ越すことも考えました。ストレスいっぱい、緊張しっぱなしの日々でしたから。でも、私たちはここが好きで、もう30年も住んでいるんです。他にどこに行けばいいのでしょう」。

「裁判を起こされると、お金もさることながら、時間がものすごく消費されるんです。リサーチや書類作成、弁護士との打ち合わせなどです。定年退職したらもっと旅行に行くつもりだったのに、結局フルタイムで働いているのと同じになってしまった。その点はものすごく腹が立ちます。そういう心理的な負担が大きかった。こんな裁判は起こしちゃだめだ。まったく間違っています」。

日本とアメリカとの差はどこからくるのだろうか

ここで思い出してほしい。前述の千葉県船橋市のマンション建設訴訟である。「開発行為で住環境の悪化を懸念して反対を表明した地元住民を被告に、開発企業が提訴した」という点で、カルフォルニア州のマイヤーズさんたちへのスラップ訴訟と、まったく同じである。

しかし、日本とカルフォルニアで、結果はちょうど正反対になった。カルフォルニアでは元の環境が守られ、日本ではそうならかなった。

「マンションの建設に反対する」「水源近くの採掘工事に反対する」。こうした自分の意見を公的に表明することは、日本であれアメリカであれ「自由」「民主主義」を標榜する社会では保障された基本的な権利だ。

日本もアメリカも、憲法で「公に向かって意見を表明する」の自由と権利を定めている。日本国憲法21条とアメリカ合衆国憲法修正1条である。

日米どちらの国でも「意見を表明する自由」＝「言論の自由」はきわめて重要な権利として保護されている。言うまでもなく「自分の中にある考えを他の人に伝える」ことは、人間のもっとも基本的な知性の営みである。そして、社会をつくるためには決して欠かせない。個人にとっても社会にとっても必要不可欠な基本だからこそ、その「自由」を保障する。どちらも「自由な社会」を標榜する日米両国が憲法の重要項目に「言論の自由」を置いているのは、ごく自然なことなのだ。

スラップ訴訟が問題なのは、この極めて基本的な権利が、民事訴訟によって侵害されることである。一方、民事訴訟も、元々は市民の権利を保護するために民主主義社会がつくりあげた法制度である。日本国憲法では「裁判を受ける権利」として保障されている。アメリカ合衆国憲法では「陪審を受ける権利」（Right to the Jury）である。それくらい基本的な人権である。「基本的人権を守るためにつくられた制度が基本的人権を侵害する」というパラドックスが起きているのだ。

日本の「フージャース訴訟」では、民事訴訟が「意見表明の自由」を屈服させた。しかしカルフォルニアではそうはならなかった。結果が正反対になった理由は何だろう。

カルフォルニア州法には「スラップ」という法概念があり、それを抑止し被害を防止する「スラップ被害防止法」（Anti SLAPP Law）が存在する。日本にはそれがない。その違いなのだ。

仮にフージャース訴訟がカルフォルニア州で起きたなら、それは「スラップ訴訟」として認定されうる。しかし、日本ではまったく合法である。どこにも違法性がない。日本の裁判所で「これはスラップ裁判である」と主張しても、裁判官は「日本にはそれを違法とする法律がありません」として「適法」という判断をするだろう。

日本では、法律をつくる権利（立法権）は国会にのみある。裁判所にはない。したがって、法律がないのに違法とする権限は裁判所にはない。

提訴された側の人たちの精神的、経済的、肉体的な苦痛は大きい。そしてその苦痛に差はない。日米両国のケースを取材してそれを確信した。

日米両国で保護されるべき基本的人権の内容に差があるとは考えられない。とすれば、アメリカでは法律で保護されている権利が、日本では守られていない。そういう結論になる。

なぜ、このようなパラドックスが起きるのか。なぜ日本ではそれは放置されているのか。

それをこの本で分析していこう。

第2章　スラップとは何か

どんな訴訟が「スラップ」に該当するのか。

私が取材で見つけたもっとも簡潔な定義はこうだ。

「スラップとは、合衆国憲法修正第1条（言論の自由、あるいは政府への請願の権利）で保障された権利を行使したことを理由に、個人または団体に対して起こされる民事訴訟である」。

SLAPPs are filed against people or organizations because they have exercised their First Amendment right to free speech or to petition the government.

（Califorinia Anti SLAPP Project のウエブサイト）

これを日本に置き換えると、こうなる。

「スラップとは、日本国憲法第21条（表現の自由など）と16条（請願権）で保障された権利を行使したことを理由に、個人または団体に対して起こされる民事訴訟である」。

スラップの特徴を箇条書きにしてみる。

①　スラップは民事裁判である。
②　公的な意見表明（言論＝public speech）をきっかけに提訴される。
③　提訴によって相手に裁判コストを負わせ、苦痛を与える。
④　提訴者は「不法状態を判決で改善する」や「審理で真実を解明する」など裁判本来の機能を必ずしも目的としない。重要視しない。
⑤　提訴の背景に公的問題（public issue）が存在する。原告と被告はその公的問題の当事者（利害対立者）である。
⑥　スラップ訴訟の法廷の中で争われる論点は⑤の公的問題とは関係がない。あるいは法廷内の論点に矮小化される。
⑦　被告は「事実争いの泥沼」（Fact Quagmire）に引きずり込まれる。
⑧　論点がすり替えられる。本来議論し解決すべき公的な問題が放置される。
⑨　提訴による受ける苦痛のために、被告は公的な発言をためらうようになる。沈黙する。そう

した「見せしめ」によって、他の批判・反対者も恐怖を感じて公的発言を控える。原告は批判や反対を封じることができる。＝「萎縮効果」(chilling effect)。

(なお、アメリカでもスラップの定義には「学説と法律」「州ごとの法律」に若干の違いがある。ここでは『共通項』を抽出した。また日本とアメリカの法制度は違いがあちこちにある。アメリカの「スラップの定義」を字句通りそのまま日本に持ち込むと、若干の齟齬をきたす。よって「スラップの定義」というより「スラップの特徴」と理解してほしい)。

①　スラップは民事裁判である。

裁判制度は大まかに「民事裁判」と「刑事裁判」の2種類に分かれる。スラップは民事裁判だけを指す。刑事裁判は入らない。

前章の例でいうと、千葉県でマンション反対運動を訴えた「裁判」も、カルフォルニアで採掘工事反対住民を訴えた「裁判」も民事訴訟である。

なぜかというと、民事裁判のほうが、刑事裁判より裁判化が簡単だからである。ある事件を刑事裁判にするためには「警察あるいは検察が証拠を集め」(捜査)プラス「検察官が裁判を起こす」(起訴)という手続きをとらねばならない(警察ではなく検察が捜査と起訴を兼ねることもある)。「誰それを被告に裁判を起こしたい」と思っても、そもそも検察官(あるいはその前に法律が)にしか裁判にする（＝起訴する）かどうかを決める権限がない。「誰でも」「いつでも」「誰を相手にしても」裁判にできるわけではない。つまり意のままに裁判を始めて相手に苦痛を与えることができるかどうか、原告の意思だけでは決められない。

それに比べると、民事裁判は「訴状」という書類を裁判所に出せば、書類や記載事項に不備がない限り受理される。法廷が始まって審理が行われ、自動的に裁判コストが相手に課される。裁判を「加罰」として利用することがよりたやすい。

弁護士を雇う必要すらない。もし書類や内容に不備がないと仮定するなら、自宅で「訴状」をつくって地裁または簡裁に持って行けば、誰でも好きな相手を民事提訴することができる。しかも提訴の時期や請求金額などを自由に決めることができる。相手に裁判対応の苦痛を与えることができる。つまり「裁判化」が刑事に比べて容易である。こうした「提訴側にとって意のままにできる範囲が広い」＝「恣意性が高い」特徴が民事訴訟にはある。スラップは、この特徴を利用して提訴を攻撃手段として用いる点に問題がある。

日本でよく見る誤解は「刑事告訴・告発」をスラップだと考えることだ。確かに刑事告訴・告発でも「裁判を起こされる」ことで発生する精神的・肉体的・経済的苦痛は民事提訴と変わらないといえる。例えば富山市の事業組合が福島第一原発事故の瓦礫の搬入に反対する市民運動を威力業務妨害で刑事告訴した例がある。これは筆者が東京新聞から取材を受けたとき「スラップの例として取り上げたい」と記者に言われ「刑事告訴はスラップではない」と指摘したことがある。

しかし、アメリカの定義では刑事告訴はスラップに入らない。これには法律の違いが前提としてある。スラップでもっともよく使われる「名誉毀損」（英語では'lible'あるいは'slander'と呼ばれる）を例に取ると、日本には「名誉毀損罪」が刑法２３０条にあり、民事提訴もできるという法的な「重複」状態になっている。アメリカでは刑法の名誉毀損罪そのものがない、あるいはあっても条文が存在するだけの「死に法」になっている州が多い。

富山市が市民を刑事告訴した例に戻る。民事裁判は「法廷」が紛争当事者がそれぞれの主張を戦わせ、その当否を裁判官が判定する「議論の場」である。県や市町村という行政には「議会」が主張の「議論の場」として設置されている。当否の判定は多数決と選挙である。したがって本来は行政と有権者・納税者の紛争は議会が「議論と解決の場」になるべきなのだ。行政が市民を刑事告訴するのは、単なる「権力濫用」と言うべきだろう。

②　公的な意見表明（言論＝public speech）をきっかけに提訴される。

本来「言論」は「市民すべてができるもの」だ。資格や職業は関係がない。ところが「言論」というと日本では学者、報道記者、弁護士や運動家といった「意見表明を職業とする者だけのもの」と誤解されやすい。この本では「公的意見表明」と呼ぶことにする。

スラップが提訴される前の段階として、何らかの公的意見表明が行われる。その「意見」は多くの場合「批判」「反対」「不利な事実の公開」など「提訴者にとって好ましくない内容」である。

スラップを提訴するのはこうした「批判」「反対」「不利な事実の公開」の対象になった人物や企業である。ターゲットにされるのは意見の表明者である。

ここでいう「公的な意見表明」にあたる行為は、実は意外に身近かつ多岐にわたる。「不特定多数の人が見るところで公表しているもの」は全部そうなのだ。

第１章のフージャース訴訟でのマンション反対運動を例にとる。

・のぼり・立て看板・ポスターを掲示する。
・ウエブサイトを開設する。
・住民説明会で意見を言う。
・市役所に（苦情などを）申し入れる。

ドライ・クリーク訴訟では、

・環境アセスメントを実施するよう郡政府に要求する。
・アセスメント実施の訴訟を起こす。

これらはすべて「公的な意見の表明」にあたる。

他の例を挙げてみよう。

・インターネットで発言する。ホームページ、ウエブサイトに限らない。ブログ、ツイッター、フェイスブックなど「ソーシャル・ネットワーク・サービス」（ＳＮＳ）も含む。

・本を書く。

・新聞や雑誌に記事・論文を書く。

・新聞や雑誌、テレビ、ラジオの投書に投稿する。

「書く」行為だけではない。「言う」「話す」行為も意見表明だ。

・マスメディアの取材を受ける。インタビューに応える。

・記者会見で発言する。

・住民説明会で発言する。

・デモ行進など示意行動をする。

・署名を集める。署名する。

さらに憲法が「請願」と呼ぶ「政府への働きかけ」も加わる。

・国、都道府県庁や市町村役所に申し入れをする。

・公務員について苦情を言う（例：教師の素行について校長に、警察官の取り締まり態度について署長や公安委員会に苦情を言う）。
・不正行為を監督官庁（労働基準監督署、都道府県庁、税務署など）あるいは報道媒体に知らせる。いわゆる「内部告発」。

ほかに「意見表明」とはあまり認識されないが、次のような例も入る。
・被害者団体を結成する。
・弁護士として代理人をする。顧問、アドバイザーをする。
・民事訴訟を提訴する。
・労働組合を結成して団体交渉など「組合活動」をする。ビラ、チラシ、機関誌を発行する。その集会や新聞、チラシで意見を発言する。

③　提訴するだけで、被告に苦痛が発生する。

提訴された側（被告）は、訴訟を無視して放置することができない。もし期限までに「応訴」（「訴えの内容を認めない＝争う」意思を裁判所に書面で伝える手続き）をしないと、相手の言い分を全部認めたと裁判所に見なされてしまうからだ。これは「相手の言い分を全部認めた」判決と同じ強制力が生じる。1億円の請求なら、1億円の負債が生じる。裁判所は財産の差し押さえをする強制執行の権限を持っているので、提訴を無視すると、預金、債券、不動産など莫大な財産を失う。

よって、提訴されたら、ただちに対応するためのコスト＝時間、労力、金銭の消費や精神的、肉体的疲弊が生じる。

応訴したらしたで、今度は法廷での審理が始まる。無視したり欠席を続けたりすれば、裁判官の心証が悪化する。不利な判決を覚悟しなくてはならない。負けると、判決には強制執行が伴う。財産を差し押さえられる。負債が発生する。

また、裁判は長時間争えば争うほど「コスト」＝「金銭の消費」「時間の消費」「手間の消費」「精神的疲労」「肉体的疲労」が増加する。提訴される方にとっては望まない裁判であることが多い。コストは「苦痛」に直結する。

つまり「提訴される側」はいかに裁判が苦痛でも、断ることができない。選択の自由がない。

ところが一方第1章で述べたように民事訴訟は裁判化が容易だ。「訴状」という書類を作成して裁判所に提出するだけでいい。原告の判断だけで提訴できる。「いつ提訴するか」「いくら請求するのか」も意のままに設定できる。

つまり民事裁判には「提訴側には最大限の選択の自由がある」一方で「提訴される側にはほとんど何もない」という大きなアンバランスがある。相手に苦痛を与える目的の提訴なら、相手の苦痛を最大にするよう最大の選択が提訴側に与えられる。例えば、提訴して相手側に訴状が送達される日を年末の直前に設定すれば、年末年始の休暇がはさまるため、提訴される側が弁護士を探すなど訴訟準備をする時間を奪うことができる。提訴されたまま年末年始に入る側の精神的苦痛も大きくなる。

④　提訴者は「不法状態を判決で改善する」や「審理で真実を解明する」など裁判本来の機能を必ずしも目的としない。重要視しない。

フージャース訴訟を例に取る。この訴訟では、マンション会社側が用意した「おとりの男女」にマンション近隣住民Pさんが話した内容がPさんを提訴する対象にされた。「近隣住民Pがマンションの悪口をQとRに言ったので、損害が出た。その損害500万円を賠償しろ」が裁判の求める内容だ。しかし「客QとR」がそもそも存在しない。Q、Rは自分たちが用意したことをマンション会社が認めている。つまり裁判本来の機能であるはずの「改善すべき不法状態」や「解明すべき真実」が最初からない。民事裁判を起こすことの「実利」がない。こうした内容でも、提訴はできる。裁判所も拒否しない。そして相手に精神・肉体・経済的な負担を与えることができる。

ひとつ確かなのことは、この提訴はPさんに精神・肉体・経済的な苦痛を与えたことである。また他の住民に対する「示威」として機能した。「マンション建設に反対すると、裁判でどんな目に遭わされるかわからない」という恐怖を他の住民に与えた。その結果、住民運動は沈静していった。つまり提訴がなければあったであろう意見表明が「抑止」された。

⑤　提訴の背景に「公的問題」(public issue)が存在する。原告と被告はその公的問題の当事者(利害対立者)である。

スラップという概念を理解するために重要なので、まず「公的問題」の「公的」＝パブリック(public)という言葉について、英語の原義を説明をしておこう。英語でいうパブリック(public)という言葉には「社会全体にかかわる」という意味がある。個人から出発して「個人にだけかかわること」がプライベート(private)である。「パブリックはそれ以外全部」という原義がある。日本では「公的」「公共の」という言葉には「政府の」「権力の」「役所の」といった「オカミの」＝「統治する側の」という意味合いが強い。これは英語ではガバメント(government)に近い。

英語でパブリックというと、逆に「(社会の構成員)全員の」「みんなの」という語感を帯びる。裁判や行政用語ではよく「公共の利益」「公益」という。これはパブリック・インタレスト(public interest)の訳語だ。この英語での原義は「社会全体＝みんなの利害にかかわること→ゆえにみんなの関心を引くこと」である。よってパブリック・イシュー(public issue)は「社会全体が共有する問題」という意味になる。

冒頭のフージャース訴訟でのパブリック・イシューは「低層の住宅街に高層マンションが建設され

ることの是非」「それに際しての先発の住民の意見は建設に反映されるべきかどうか」である。低層住宅地に高層マンションが建つことは日本全国どこのコミュニティにでも起きうることだ。ゆえにその公的問題「低層の住宅街に高層マンションが建設されることの是非」は「千葉県船橋市前原東にフージャース社はマンションを建設すべきかどうか」という個別の問題を離れて、社会全体が共有し、社会全体が論じてしかるべき問題ということになる。社会全体が議論に参加する資格がある。その知識や経験は社会全体がシェアする価値がある。

なお、パブリック（public）の反対語はプライベート（private〔私的な〕）である。私的な問題にかかわる提訴はスラップに該当しない。嫌がらせや報復、沈黙を目的として民事提訴しても、問題が私的であれば、スラップには当たらない。例えば、離婚をめぐる紛争。夫婦が離婚や財産分与をめぐって対立し、嫌がらせや口封じ目的の訴訟合戦になったとしても、ここでの問題は「夫婦」「結婚」「家族」という私的問題であってパブリック・イシューではない。

⑥　スラップ訴訟の法廷の中で争われる論点は⑤の公的問題とは関係がない。または、矮小化される。カルフォルニアのドライ・クリーク訴訟の前提になっている論争になっていたパブリック・イシューは「集落の上水道取水源そばで採掘工事をすることの是非」だ。が、法廷内で争われようとしていた論点は「ウエブサイトに掲載された写真は企業秘密の漏洩にあたるのか」「その写真の撮影は私有

地への不法侵入にあたるのか」だ。つまりスラップ訴訟の法廷内で争われる論点は、本来前提になっているパブリック・イシューからとは異なる。意図的にずらされている。スラップでは、提訴によって「公的問題」が「法廷内部の論争」に矮小化される。本来議論されるべき公的問題が検討されないまま放置される。これを「論点のすり替え戦略」＝ディスピュート・トランスファー・ストラテジー（dispute transfer strategy）という。

わかりやすい例として、日本でおきた訴訟「上関原発訴訟」を挙げよう。

「上関原発」は、中国電力（本社：広島市）が、瀬戸内海に面した山口県・上関町（人口約３７００人）に建設を表明している原子力発電所だ。１９８０年に建設計画が明らかになって以来、地元上関町では激しい賛否の対立が続いてきた。特に原発予定地から瀬戸内海をはさんで船で15分の対岸にある「祝島」（人口約５００人）の住民が35年間抵抗を続けている。

行政の許可手続きや住民との訴訟が一段落して、２００９年から２０１１年にかけて中国電力が現地の測量や準備工事などの予備的な作業に着手したあたりから、反対派との対立が激しくなった。反対派住民や全国から応援に来た人々は、作業の船が近づくと漁船やシーカヤックをだして海上での抗議行動を繰り広げた。

中国電力は、こうした反対派約80人のうち４人だけを被告に選んだ。祝島住民で、反対運動のリーダー格２人と、島で暮らしながら運動に参加している山口県と広島県のシーカヤッカー２人である。中国電力が求める判決の内容は「妨害行為のために工事が遅れた。その損害を補償せよ」という４７９２万円の損害賠償である（最初は妨害排除を求める仮処分申請。後に損害賠償で本訴訟）。

言うまでもなく原子力発電所の建設は、賛否両論の議論が続く、日本でももっとも見解の分かれるパブリック・イシュー＝公的問題である。福島第一原発事故（２０１１年３月）で明らかになったように「事故が起きれば広範囲・長期間にわたって毒性の高い被害が及ぶ」というだけではない。「発電所」がつくるものは「電気」という生活の基本的な財であり、その利益を受ける者はきわめて多数に及ぶ。そして、そのエネルギー源をどういった発電方式にどういった比率で依存するのかは、国のエネルギー政策や環境政策の根幹にかかわる。また、立地に多額の税金（交付金など）が投下されることでも、原発の建設は全国民的なパブリック・イシューである。つまり上関原発建設をめぐる議論は「日本に原子力発電所はこれ以上必要なのか」という公的議論である。それがたまたま「上関原発」という個別の論点を得たにすぎない。

中国電力側の訴状には「Y年M月D日にP（被告）は作業クレーン船のロープの下にカヤックで回りこんで作業を妨げた」といった「工事を妨害した事実X」がいくつか列挙されている。この訴訟で争われているのは、そういった「具体的に何月何日にP_1、P_2、P_3……がしたX_1、X_2、X_3……という行為は工事妨害に当たるのか否か」である。したがって、仮に裁判所が「X_1、X_2……という行為は工事妨害にあたる」と判決を下して、中国電力側の主張を１００％認めてたとしても「上関町に原発を建設すべきなのか」「日本のエネルギー政策にこれ以上原発は必要なのか」という本来の公的議論の是非にはまったく無関係である。ただ「X_1、X_2……の工事妨害があった」と「裁判所が認めた」にすぎない。

この裁判で中国電力側の言い分が認められたとしても、それは裁判所が「上関に原発を建設すること」を是認したことではない。「X_1、X_2……の具体例で工事妨害があった」と認めるだけである。また住民側の主張が認められても、裁判所が「上関に原発を建設すべきではない」と是認したことにもならない。工事妨害を否定するだけである。つまり、裁判所がどちらの結論に至っても、公共の論点である「原発建設の是非」にはまったく関係がない。

ところが、この判決が被告に不利な内容だと、住民側が提起している「上関原発は必要なのか(必要ない)」という公的な問題提起や意見の正当性まで否定されたかのような印象を与えてしまう。公的問題の当否を裁判所が決めたかのような印象を与える。「裁判で負けた」と認識される。新聞やテレビの報道も、それに引きずられていく。

もとより、負けなくても、提訴されただけで「提訴されるなんて、反対運動もよほどひどいことをしたのだろう」という偏見にさらされる。しかし「提訴された」イコール「反対運動の内容が悪質」ではない。提訴するのは原告側の意思ひとつで決まる。何ら基準はない。こうして「自分の意のままに反対者・批判者の正当性を奪う」効果もスラップ訴訟にはある。つまり民事裁判が「印象操作」の道具になってしまう（公平を期するために逆にいえば、判決が中国電力の主張を認めなかったとしても「上関原発は必要ない」と原発建設の正当性までが否定されるわけではない）。

いずれの場合でも、提訴された住民側は訴訟に対応しなくてはならない。放置して反論しないと、電力会社側の言い分を１００％認めたことと裁判所がみなすからである。４７９２万円という莫大な負債を被告側が負う。

いったん審理が始まると、訴えられた側は、提訴内容に反論、論破しなくてはならない。もちろん民事裁判で「反論しなくてはいけない」という法的な義務はない。苦痛を避けるためには反論しない選択もある。が、その場合は不利な判決を覚悟しなくてはならない。不利な判決を受けた場合は、前述のような「世論のネガティブな認識」がさらに増幅される。提訴された側はビデオや写真を証拠提出して「工事妨害はなかった」「あっても適法（不法性はない）である」と証明しようとする。弁護士や関係者との意思疎通の仕事が増える。時間、資金や労力が消費される。被告側は疲弊し、消耗していく。

こうして「日本にこれ以上原発は必要なのか」という公的議論にすれば、まったく無関係の論戦に資源が消費されていく。公的議論のみの観点から見れば、まったく不必要な議論なのだ。

もう一度繰り返すと、どちらが勝とうが負けようが、公的議論には関係がない。しかも、議論がそれてしまうがゆえに「原発の必要性」の議論は置き去りにされてしまう。現実の問題解決のための社会的議論が行われないままになってしまう。そして、公的問題の解決は遠のくだけである。

注意してほしいのは、スラップが浪費する資源は「提訴された側の時間や資金、労力」だけではないということだ。裁判所という公的システムも浪費される。裁判官の時間や労力をも浪費する。裁判所は税金で維持されるパブリック・システムである。納税者にとっては、税金の浪費である。言うまでもなく、税金の使途は公平でなくてはならない。裁判制度を提訴側が一方的に利用していることを考慮すると、税金執行の公平性からもスラップは問題がある。

⑦「事実争いの泥沼」(Fact Quagmire)

上関原発訴訟では「Y_1年M_1月D_1日、被告Pnさんによる工事妨害はあったのか、なかったのか」という事実の審理がX_1、X_2、X_3……という提訴側の設定した内容ごとに討論されることを述べた。X_1、X_2、X_3……と被告本人だけでなく、証人が法廷に呼ばれ、原告側・被告側と裁判官の「尋問」を受ける。証拠が提出され、その当否をめぐって論戦が交えられる。「Fnという事実はあった」「なかった」「あったが不法性はない」と論議される。つまり「事実争い」が膨大に膨れ上がっていく。

こうした現象をスラップでは「事実争いの泥沼」(Fact Quagmire)と呼ぶ。

もう一つ日本での例として、沖縄北部の東村・高江という地区を舞台に起きた訴訟を挙げよう。米軍演習場のヘリ発着場の拡張工事に住民が反対運動を起し、それに国（米軍の民事訴訟での代理）が

「工事妨害」として民事訴訟を提訴した（なお提訴を許可する決裁をしたのは民主党政権である）。

高江は、那覇から北東に向かい、車で3時間走った沖縄本島北東部の地区である。道の両側はブロッコリーのようなこんもりとした樹木で覆われている。「やんばる」と地元で呼ばれる亜熱帯のジャングルだ。この原生林に「北部米軍演習場」が広がっている。密林での行軍、渡河や兵員降下を訓練する「ジャングル戦訓練センター」（Jungle Warfare Training Center）だ。その面積78平方キロメートルは、山手線の内側（63平方キロ）よりまだ広い。

この、地元住民も立ち入れない原生林と海岸線で囲まれた場所に「高江」という人口160人の小さな集落がある。集落を見下ろす山林を切り開いて、直径75メートルのヘリ発着場が6カ所建設されようとしている。既存の発着場で撮影されたビデオを見ると、プロペラ2発の巨大なCH－46が離着陸し、地上では会話もできない。パイナップル畑を海風が渡り、横でヤギの親子が無邪気に遊んでいる静かな農村には過酷な轟音に思える。

住民は2007年夏ごろから建設現場の入り口前の道端にテントを張り、工事車両や作業員が現れて工事を始めないか「見張り」を始めた。工事は予告なしに始まるからだ。作業員らが来ると携帯電話で集落から住民を呼び、現場入り口の前の県道に並んで、立ったり座り込んだりして抵抗した。作業を担当する国（防衛施設庁）の職員や車両は中に入れない。とはいえ「小競り合い」はあっても「衝突」が起きたりしたことはない。けが人が出たことも、刑事告訴されたこともない。

国が取った手段は民事提訴だった。まず、住民や那覇市の自然保護団体ら15人をひっくるめて相手取り「通行妨害禁止仮処分」の申立てを那覇地裁名護支部に起こした。2008年11月のことだ。さらに、仮処分対象に選ばれた15人の中に、反対運動のリーダーの一人、安地嶺現達《あじみねげんたつ》さん（52歳）本人だけでなく、8歳の娘や妻まで入っていた。「現場にいた人と背格好や服装が似た別人」まで入っていた。さすがにこの仮処分申請は、裁判所が15人のうち13人を却下した。

が、安地嶺さんと、もう一人の住民・伊佐真次《いさしんじ》さん（48歳）だけは運動のリーダーであるという理由で仮処分を認めた。しかし国は矛を収めず、2010年1月、二人を被告に「通行妨害禁止」を求める本訴訟を那覇地裁に起こした。

なお、この提訴は「米軍に施設を提供している」立場の防衛施設庁＝国が原告だ。「私人と私人の紛争を解決する手段」である民事訴訟の原告が国というのが奇異なら、国が税金を使って納税者である国民を訴えたというのもまた奇妙だ。

先の上関原発訴訟と同じように、原告の書いた訴状は「Y年M月D日に、P、Q、RらはXして（職員の前に立ちふさがる、座り込むなど）工事を妨害した」というX_1、X_2、X_3……という複数の出来事を「争点」として列挙している。原告の提出した「証拠」には、道路からヘリ発着場予定地への実測図面や写真などが添付されている。それを見ると住民たちが職員の前に立ちふさがったり座り込んだりしている。

この裁判に勝つ＝国の主張を否定する判決を得るためには、住民側は「工事妨害はなかった」と国側の主張を否定しなくてはならない「前に立ったが、通ろうと思えば通れた」「住民と職員のあいだはBセンチ離れていた。余裕はあった」などなど、細かな事実の論争をしなくてはならない。また原告側はそのありさまを撮影したビデオを証拠として法廷に提出する。それを証拠に「工事妨害はあった」と主張する。住民側は「なかった」と反論する。

これが「事実争いの泥沼」だ。訴訟を起こすことで、この「泥沼」に反対者を引きずり込めば、膨大な時間やエネルギー、労力、金銭を消費させることができる。

そして前述の「論点のすり替え」も同時に起きる。大きな公的論争が裁判上の論争に矮小化されてしまう。

高江の訴訟で争われているのは「X年Y月Z日に、工事現場前でPさんは通行を妨害したのかどうか」という論点だ。しかし、その論争と「高江にヘリ発着場を建設するべきなのか」「沖縄の米軍基地は現状のまま、あるいは増えてもいいのか」「日本の安全保障という国益に在日米軍はこれ以上必要なのか」という「パブリック・イシュー（公的な問題）」は関係がない。仮に住民側が敗訴しても「ヘリ発着場を建設してもよい」という結論にはつながらない。逆に、住民側が勝っても「ヘリ発着場は不要」という結論にもならない。裁判の結論は公的問題の結論とは無関係なのだ。

民事訴訟では、こうした「何が起きたのか、裁判官が事実関係を認定するための法廷内の論争」＝

「証人尋問」「証拠調べ」にもっとも多くの時間が費やされる。被告・原告本人だけではなく証人の証言が行われる。原告側・被告側、いずれの証人も必ず反対側の尋問を受ける。裁判官も質問する。一人の証人の尋問だけで一日、あるいはそれ以上の時間が費やされることもある。

アメリカでスラップが社会問題として認識されたのも、この「事実関係の泥沼」が被告側の時間を消費するからだ。アメリカの弁護士は時間制の課金が基本だ。弁護士費用が積もりに積もって高額になる。訴えられた側は、自宅を抵当に入れて借金をして弁護士費用を用意することもある。破産することすらある。「提訴するだけで相手を経済的に追い詰めることができるとは、民事訴訟の制度が間違っているのではないか」「言論の自由を行使したのに加罰されるとは制度が間違っているのではないか」。そんな反省から「スラップ被害防止法」が整備されるようになった。程度の違いこそあれ、日本もその点は相違がない。

⑧ 論点がすり替えられ、本来議論し解決すべき公的な問題が放置される。

アメリカで実際にあったスラップ訴訟の例を述べる。児童を学校に送り迎えするスクールバスが、ブレーキの効きが悪いことに親たちが気付いた。親たちは相談して、地元の教育委員会にバスのブレーキの点検と整備を申し入れた。すると、バス会社がこの親たちを「営業妨害」として提訴した。

この裁判では「スクールバスに使われているバスのブレーキは安全に作動しているかどうか」が争われた。バス会社は「ブレーキは安全に作動している」「バスは法定の検査を受けている」と主張した。この前提にたって、親たちの訴えを「なのに、安全に作動していないかのような言説を広めた」＝「営業上の損害が発生した」＝「営業妨害だ」という論を法廷で展開したのだ。

当時はまだスラップの概念や反スラップ法がなかった。親たちがこの提訴に勝つには「バスのブレーキは安全に作動していなかった」→「ブレーキが安全に作動していなかったから、苦情を申し立てた」→「自分たちの主張は真実である」→「苦情の申し立ては正当だ」→「ゆえに営業妨害ではない」と証明しなくてはならない。自動車整備の技術的な内容や検査の法制度を知らない小学生の親たちが「法的な自動車検査の内容」「検査の実施実績」「走行テストの結果」などバスのブレーキについての技術的な論争をして勝たなくてはいけなくなった。「事実争いの泥沼」である。

ここで、提訴したバス会社は一方的に裁判で有利になる。

（ア）親たちはバスの車両技術について不案内。少なくともバス会社のほうが親たちより詳しい。

（イ）問題になっているバスの検査データはバス会社が一方的に握っている。

つまり訴訟を起こして裁判所内の論争にした瞬間、バス会社に一方的に有利な「土俵」が生まれる。争いの「ゲームのルール」は提訴側が有利に一方的に決めることができる。こうして「親たちは不慣れな技術論争に疲弊し、裁判で負けた。すると今度は「親たちの苦情は不当だった」という錯覚が世論に広まった。

ここで本来議論され、解決されるべきだった公的問題は「子どもたちに危険がないよう、スクールバスのブレーキを修理する」である。ところが、論点が裁判所内の論争に矮小化され、すり替えられた結果、そちらは放置された。こうした「論点のすり替え」を"Dispute transfter"と呼ぶ。

「裁判所にバスのブレーキを修理することはできません」。

スラップを提唱したデンバー大学のジョージ・プリング教授はそう端的に表現した。つまりスラップ訴訟で親の苦情に対抗するのは、公的論点にとってはまったくの無駄なのだ。

「スクールバスのブレーキは安全なのか」という公的問題がより広い範囲で社会に共有されていれば、他の学校でも「うちの学校のバスは大丈夫だろうか」と疑問を持つ親が出るかもしれない。点検が行われ、事故を起こす可能性のあったバスが修理されるかもしれない。が、スラップはこうした「より大きな公的問題」を議論し解決するチャンスを潰してしまう。スラップは本来の意味での「公的利益」を損なう。

⑨　提訴による苦痛のために、被告は公的な発言をためらうようになる。沈黙する。そうした「見せしめ」によって、他の批判・反対者も恐怖を感じて公的発言を控える。原告は批判や反対を封じることができる。＝「萎縮効果」(chilling effect)。

千葉県のフージャース訴訟を例に取る。被告に選ばれた3人の住民は、いずれも精神的・肉体的・金銭的に消耗した。最後はのぼりや看板を撤去し、ウエブサイトを閉鎖した。「公的な意見表明」をあきらめざるを得なかった。この例のように、裁判によって相手に苦痛を与え「沈黙」させることがスラップの「萎縮効果」である。また、そうやって苦しめられる被告を見た他の反対・批判者（すでに声を上げていた人）や潜在的反対・批判者（これから声をあげようと考えていた人）も、恐怖を感じて発言を控えるようになる。

米国カルフォルニア州のスラップ専門弁護士であるマーク・ゴールドウィッツ氏は、こうしたスラップの側面を「法律を使った／合法的なテロ」(legal terrorism)「法律を使った／合法的な脅迫」(legal intimidation) と呼んでいる。

こうした「公的意見表明」を妨害する効果を持っていることが、スラップがアメリカで社会問題になった大きな理由だった。同じ民主主義を標榜する国として、日本もその位置づけは変わらないはずだ。すなわち「自分の考えたことを多数に知らせる自由」は社会を成立させるもっとも基本的な自由である。社会が成立しなければ民主主義も成立しない。ゆえに日本でもアメリカでも、憲法が「言論の自由」「表現の自由」を手厚く保障している。しかし、スラップには「意見表明の自由」を妨害する＝言論の自由を侵害してしまう。つまり民主主義の根幹を破壊してしまう。法律と裁判制度が民主主義上の権利を破壊するという、パラドックスに満ちた現象がスラップなのだ。

第3章　なぜスラップは被害を生むのか

民事裁判の悪用

民事裁判を提訴する権利

スラップは「民事裁判を提訴する権利」と「意見を公的に表明する権利」の衝突であることを前章で述べた。どうしてそんなことが起きるようになったのか、詳しく見ていこう。

まず最初に、「民事裁判を提訴する権利」も「意見を公的に表明する権利」も、どちらも憲法に書かれている重要な基本的人権であることをもう一度確認しておく。

例えアメリカでも、スラップに合致する訴訟であろうと、提訴そのものを禁じることはできないし、していない。憲法で保障された権利を行使しているにすぎない。アメリカの反スラップ法でも、提訴そのものを「違法」とすることはできない。

これは日本でも同じである。まず「民事裁判を提訴する権利」は「裁判を受ける権利」として日本国憲法32条にこう書かれている。

「何人も、裁判所において裁判を受ける権利を奪はれない」。

刑事裁判では、この権利は「裁判所の公正な裁判によらなければ刑罰を科されない権利」の意味がある。つまり権力の濫用や私刑から被告人を守ることが目的である。スラップが問題になる民事事件では「権利・自由の確保・救済を求めるため裁判所に訴えを提起できる権利」の意味だ。私人同士の利害が対立して当事者同士で解決できないなら、裁判所の判断を求めよう。その判断に強制力をもたせよう。その目的のために裁判所を税金で維持しよう。ゆえに、紛争の解決のために動く義務が国にはある(国務)。そうやって問題を解決するよう権力に求める権利が国民にはある。難しい言葉だが「国務請求権」という。こうして、民事裁判を提訴する権利は憲法が保障する「裁判を受ける権利」のひとつであるため、提訴には大きな自由が保障されている。

スラップは、本来こうした「裁判を受ける権利」を保障するためにある、民事提訴の大きな自由を悪用している面がある。

民事裁判の性質から考える

① 誰を「被告」として提訴するか。いつ提訴するか。どんな事実を不法行為とするか。どんな内容・金額を求めるか。これらはすべて裁判を提訴する側（原告）が自由に決められる。相手（被告）や裁判所と事前に相談する必要はない。予告や警告をする必要はない。

裏返して被告側から見ると「誰が訴えられるか」「いつ訴えられるか」「どんな事実を不法行為とするか」「どんな内容・金額を求められるか」は事前に予測できない。提訴する側は準備する時間が自由に与えられる。しかし提訴される側はほぼ常に不意打ちである。

原告は事前に時間をかけて代理人（弁護士）を選び、依頼し、打ち合わせをすることができる。極端なケースでは弁護士を使わず、本人が提訴しても違法ではない（「本人訴訟」と呼ぶ）。また訴えを起こす裁判所を、原告側が選べる。原告が東京にいる場合、北海道や九州の被告を相手に東京地裁で裁判を起こすことも可能である。

② 訴えられたら、裁判を断ったり、無視する自由は事実上ない。

提訴されると、被告になった人には裁判所（請求金額が140万円までなら簡易裁判所。それ以上なら地方裁判所）から書留で「あなたは訴えられました」と通知が届く。原告の訴えの内容を記した「訴状」が同封された分厚い封筒である。そして「P月Q日までに裁判所に回答するように」という期限が書かれている。多くは提訴の日付から2〜3週間である。訴えられた人は、この期限内に訴訟に応じなければならない。

まず、裁判所に「原告の訴えを認めるか、認めないか」「認めないなら、裁判で争うか」を知らせなければならない。

「訴訟に応じなければならない」と書いたが、無視する自由もある。しかし、無視して期限内に裁判所に解答しない、あるいは「裁判はいりません」と断ったりすれば、自動的に相手の請求を全面的に認めたことに法律上なってしまう。原告が「1億円払え」と請求しているなら「1億円を払います」と自動的に法律上承諾したことになる。裁判所がそう認定するのだ。

裁判所は財産の差押さえという強制力を持っている。預金口座や不動産が差し押さえられ、競売にかけられ、現金化されて原告側に支払われる。提訴され、相手が言うままに財産を持っていかれて「それでいい」という人は稀だろう。「裁判を争わない」という選択肢は事実上ない。

つまり訴える側には最大の自由があり、訴えられた側にはほとんどない。そんなアンバランスが提訴の当初からある。これは「裁判所は原告と被告を公平に扱う」という民事裁判の原則から逸脱しているとも考えられる。

③　訴えられた瞬間、裁判コストが発生する。しかし裁判所はそうしたコストを配慮しない。

提訴を知った被告の多くはまず弁護士を探す。そうしないと、裁判所にどんな書式で、どういう方法で返答していいのかも、裁判に経験のない人はわからない。実際は手書きをファクスで送ってもよい。わからなければ裁判所に電話で聞けば教えてくれる。しかしその「最初の一歩」をどうするのか、わからない。まずは裁判所ではなく弁護士に聞こうとするだろう。

訴えられた側は、多くは慌て、怒り、感情的になり、パニックになる。仕事や家庭の用事をキャンセルしてでも、準備をしようとする。この時点ですでに訴えられた側は社会生活が平常ではなくなる。

友人や知り合いに連絡を取って回り、弁護士を紹介してもらったとしても、弁護士が引き受けるかどうかはわからない。医師が「心臓外科」「眼科」「胃腸科」など専門が分かれるように、弁護士も「不動産」「少年事件」「離婚・家事」「刑事弁護」など分野が分かれる。しかし医師のような専門の表示はない。スラップでよく使われる「名誉毀損」は弁護士の中でも専門性が高い「言論事件」と呼ばれる分野で、そうした事件を扱ったことのある専門家は多くはない。しかし素人にはそんなことはわからない。ミスマッチが起きる。例えていうなら、心臓発作で倒れた急患を眼科医に担ぎ込むようなことが起きる。

弁護士に払う料金は当事者どうしが話し合って決める。多くの場合、初回の相談だけで1時間1万円ほどの料金がかかる。電話相談だけで料金を請求する弁護士もいる。社会的意義の高い事件だと「手弁当で」引き受けてくれる弁護士もいる。が最初から「タダでやってくれ」と来る相談者に親身になる弁護士は稀だ。弁護を引き受けた段階で「着手金」が発生し、裁判が終わったらまた料金を払う（敗訴した場合は受け取らない、という人も多い）。数十～100万円は覚悟しなくてはならない。ここに交通費やコピー代といった経費が上乗せされる。

よくある誤解は「裁判で勝てば弁護士費用は相手の負担になる」である。確かに裁判所の判決には「訴訟費用はX側の負担とする」と書かれることが多い。しかしここでいう「訴訟費用」に「弁護士費用」は含まれない。裁判所の「施設使用料」だけである。裁判所で施設使用料を払うと印紙をくれるので「印紙代」と呼ばれる。民事裁判は「本人訴訟でもよい」建前になっているので裁判所は「弁護士を雇うのは当人の自由意思」「よって自己負担」としか見ない。

つまり、意思に反して裁判を起こされ、やむをえず弁護士を雇ったら、その瞬間「弁護士費用」という裁判コストが被告側に課せられる、ということだ。提訴する側にすれば、提訴するだけで相手に数十万円の出費を強いることができる。提訴する側は、弁護士を雇う必要すらない。庶民にとって、決して気軽に出せる金額ではない。

裁判所の審理が始まると「弁護士に任せきり」にはできない。なぜなら「訴えられた事情」について一番よく知っているのは被告本人だからである。その事実を弁護士に説明し、納得してもらえなければ、弁護士は法廷に提出する書類や弁論内容をうまく組み立てられない。領収書や写真など、法廷に提出する「証拠」も被告本人が持っている。何が存在し、何が法廷に必要か、弁護士と一つひとつ検討しなくてはいけない。本人が事件の事情を裁判官に向けて説明する「陳述書」を書く必要もある。「法廷で裁判官の前で話せば書面を書く必要はない」というわけにはいかない。日本の民事裁判官は法廷での証言より、書面を信用する傾向が強いからだ。同じ内容ならできるだけ書面にするよう、弁護士は勧めるだろう。

こうした細かい段取りを弁護士と打ち合わせる必要がある。法廷に提出する書面を弁護士が書いたら、読んで点検しなくてはいけない。ニュアンスがちがえば書きなおしてもらわなければならない。そうした「打ち合わせ」は時間を消耗する。法廷が開かれる直前には、確認のためまた弁護士と打ち合わせる必要がある。

民事裁判のハイライトは原告、被告が法廷の真ん中、裁判官が見下ろす証人席に座る「証人尋問」である（裁判官が必要と認めなければないこともある）。自分の代理人の弁護士が質問するだけではない。相手側の弁護士が、原告に有利な発言（つまり被告にとっては不利な失言）を法廷でさせようと質問をする。その「想定問答集」をつくって、弁護士と事前に練習をしておくことも必要になる。

こうした訴訟準備に報酬は払われない。時間を消費する。自営業者は働く時間を消費されるので金銭的な損失でもある。

法廷（民事裁判では『口頭弁論』という）は裁判官の勤務時間である平日昼間（だいたい午前10時～午後4時）に開かれる。会社員なら仕事を休まないと出廷できない。勤めの時間が決まっている人なら、弁護士との打ち合わせは勤務時間外にしなくてはいけない。夜の打ち合わせが多くなる。原則として、依頼人が弁護士の事務所に足を運ぶ。弁護士が出張すれば、経費を払わなくてはいけない。

少し整理しよう。

弁護士を雇えば弁護士費用がかかる。

弁護士との打ち合わせを含め、裁判準備には時間を消費する。「オポチュニティ・コスト」（機会費用＝その時間を他のことに当てていれば得られた利益の損失）でいえば金銭的損失である。

しかし、こうした裁判にかかる費用を裁判所は考慮しない。例え被告が判決で勝っても、賠償金額に「裁判で失われた時間・金銭」は算入されない。

こうした日本の民事裁判にある「裁判に起こす側に有利な構造」は、元々は「誰でも裁判所という公営の紛争解決所を使って自分の権利を守ることができるように」という配慮である。提訴の敷居をできるだけ低くするよう配慮してある。これは、もともと民事提訴が「権力のない者が権力に『問題を解決してください』と求めることができる制度」として用意されているからだ。これは経済力や組織力がより弱いもの（比較弱者）がより強いもの（比較強者）を提訴する場合には、両者を法廷で対等にする「対等化」「平等化」（イコライザー）のシステムとして作動する。しかし、反対になると、著しくアンバランスに作用してしまう。

この「裁判を受ける権利」を保障する、という建前から、被告に不利な結果が生まれる。「不適当な提訴は裁判所が門前払いするだろう」（却下）。「不適切な内容で訴えられたら相手を訴訟権の濫用（濫訴）で反訴すればよい」。

よくこうした説明が法律の専門家から出る。しかし、これはどちらもスラップの被害防止には期待できない。

日本の民事裁判では、実質審議に入らずに門前払いすることを「却下」と呼ぶ。審理をしたうえで不適と請求を退けることは「棄却」という（俗にいう「原告の負け判決」）。実は裁判所が「却下」をすることは稀である。「訴状に書かなければならない項目が抜けている」「訴える資格がないのに提訴した」など、重大な訴訟の要件が欠けていた場合にだけ限定的に適用される。弁護士が原告についていれば、事前に「却下」がないように整えるのが普通だ。

却下が例外的なのは「裁判官が双方の言い分をよく聞いて、おかしな提訴なら棄却判決（原告の負け）を下す」という建前になっているからだ。却下されなければ、法廷が開かれ審理が始まる。つまり、ごく少数の例外を除いて、そのまま審理が始まる。一回目の判決（一審判決）までに1～2年かかる。その間に裁判コストが発生する。日本にスラップ被害を防止する法律がない以上、「この提訴はスラップだ」と主張しても、裁判所が認定する根拠になる法律そのものがない。

また、裁判所が「提訴そのもの」を違法と認定することは稀である。「100万円の請求を1万円ずつ100回提訴した」ケースなど、合理性の範囲を逸脱している場合にしか適用されない。これも「裁判を受ける権利を可能な限り保障する」という建前のためだ。「裁判官がみっちり言い分を聞いて、審理して、おかしな内容であれば判決でダメだといいます」という建前なのである。結局、提訴や請求内容そのものが違法とされる判決は、ごく限定的にしか出ない。あくまで「例外」ぐらいに考えておいた方がいいだろう。

ここでも、裁判所は「権利を守るために丁寧に調査する」ために法廷を開き、審理をする。しかし、そのプロセスそのものが被告の時間や資源を消費し、加罰として作用する。そんなパラドックスが生じるのだ。

こうした「民事裁判の構造」がどうスラップでは作用するか、具体的な裁判例で見てみよう。

【新銀行東京事件（2008年8月提訴）】

新銀行東京は、石原慎太郎・前東京都知事が「中小企業の救済」という選挙公約を実現するために設立した金融機関である。ところが不良債権が多発し、都税から1400億円を投入しなくてはならない危機に陥った。こうした融資の妥当性や経営のあり方をめぐって都議会や報道など世論は沸騰した。こうした公的議論の中「融資先の決定について、都庁幹部から銀行幹部に圧力があった」と両者の会議に立ち会った行員・横山剛が、会議の文字記録と音声録音を証拠としてテレビ番組「サンデー・プロジェクト」（テレビ朝日）と『週刊現代』（講談社）で実名で証言した。いわゆる「ホイッスル・ブロワー」（内部通報）である。

新銀行東京は「報道は横山の守秘義務契約違反」と主張して、横山個人を被告とする1320万円の損害賠償訴訟を東京地裁に提訴した。この提訴の特徴は、報道をしたマスメディア企業であるテレビ朝日と講談社が被告から外されていることだった。「報道の内容に公的利益はあるのか」「報道の中身は真実なのか」といった報道内容の議論は法廷ではなかった。組織と財力を持つ企業を被告にせず、もたない個人だけを被告にした。

横山からの度重なる要請にもかかわらず、テレビ朝日と講談社は訴訟参加（自ら被告として裁判に加わること）や金銭負担などの支援をしなかった。裁判途中で週刊現代編集長が交代した講談社は態度を変えて支援を申し出たが、不信感を持った横山はそれを断った。結局、横山は個人で弁護士費用や裁判準備をすべて負担した。精神や肉体、経済的に疲弊した横山は2009年11月に新銀行側との和解に応じて裁判は終結した。和解条件は裁判で守秘義務違反の有無とは無関係の「会議の文字記録の返還」「録音の消去」などだった。

ここで横山だけを被告に選び、テレビ朝日や講談社を外したことには何の違法性もない。前述した①のとおり、誰を「被告」として提訴するかはまったく原告側の自由だからである。さらに「どんな事実を不法行為と主張するか」「いくらの金額を求めるか」も自由である。「報道への内部通報を不法行為だ」と主張することに違法性はない。「1320万円」という請求額の設定に法律で決まった根拠や合理的な数式があるわけではない。「裁判を起こす側の自由な設定」である。

この提訴はカルフォルニア州法など米国でのスラップの定義を数多く満たしている。横山のテレビ、週刊誌での証言という「公的な意見表明」を契機にしていること。横山の証言内容は新銀行東京にとって好ましくない内容であること。原告＝被批判者・被告＝批判者と、裁判の当事者が「言論」の当事者であること。訴訟の外側には「新銀行東京の経営は妥当なのか」「1400億円もの都税の投入は妥当なのか」という「公共の利益」にかかわる「公的論争」があること。

その「公的な問題」は「守秘義務契約違反はあったのか」という法廷内の議論に矮小化された。論点がすり替えられた。公的な議題は議論されずに放置された。

「横山に守秘義務違反があった」と判決が認定したとしても「新銀行東京の経営方針が是認された」「1400億円の都税投入が肯定された」ことにはならない。また、例え裁判で勝っても、すでにテレビ・雑誌で公開された情報を「なかったこと」にすることはできない。つまり裁判には争う「公的利益」がない。

横山への提訴と前後して、報道や都議会での新銀行東京や都政への批判は沈静化した。これは横山を「見せしめ」にした「萎縮効果」が働いたといえる。取材が進行していたとき、テレビ朝日・講談社は横山と緊密な連携を取っていた。しかし訴訟に参加しなかったことから横山は不信を抱き、関係に溝ができた。提訴は「批判者を分断する」という効果があった。

この裁判は「不利な報道をされた場合、スラップで取材源だけを攻撃する」ことが可能だと示したことにある。この結果を見て、新銀行東京のみならず、企業や官庁などで内部告発を考えていた「潜在的な批判者」は報道に協力することをためらうようになるだろう。また、テレビ朝日・講談社が情報源を裁判で支援しなかったことは、報道に大きな損害を残した。「報道に情報を提供したら、裁判を起こされて苦しめられる。しかも報道した側は訴訟では助けてくれない」と知れば、取材に協力しようとする人も躊躇するのが自然である。新銀行東京事件で、企業や組織の内部通報的な報道はほぼ道を閉ざされたといえる。

①で「どんな事実を不法行為として提訴するかは提訴する側が自由に決められる」「提訴が不合理な内容でも裁判所は受理し審理する」と述べた。現実には、提訴された事実そのものが「おとりによるもの」「事実そのものが存在しない」という訴訟が存在する。刑事裁判なら公訴事実が誤りだったり存在しなかったりすれば「冤罪」だが、民事裁判では何も違法性はない。「事実に反するような事実なら、審理して裁判官が棄却の判決を下す」という建前になっているからだ。しかし、ここまで繰り返し述べたように、いったん裁判が始まると裁判コストがかかる。スラップの場合、その裁判コストが被告には加罰的に作用する。提訴が攻撃手段に使われる所以である。

第1章で取り上げた「フージャース訴訟」での例を思い出してほしい。マンション建設に反対する地元住民が、自宅そばで見知らぬ男女に立ち話で話した内容が知らぬ間に録音され、名誉毀損として提訴された。裁判の中でマンション会社側が、この男女は同社が用意したことを認めている。つまり「おとり」だった。会社側がその男女を使って住民と会話をしなければ、提訴するような事実そのものが存在しなかった。

この提訴は突出して悪質な例ともいえない。提訴事実が存在しない訴訟すら裁判になっている。

【アルファデザインコンサルタンツ訴訟】

「アルファデザインコンサルタンツ訴訟」（２００９年3月提訴。以下アルファデザイン訴訟と略）の例を挙げよう。

アルファデザインコンサルタンツ社は東京都台東区に本社を置く建築設計・デザイン会社だ。発端は社員の男性ＣＡＤオペーレーターを解雇しようとしたことだ。同社には労働組合がない。その社員は職能労働組合「ネットワークユニオン東京」に加入し、労働組合法上の「団体交渉」が始まった。するとアルファデザイン社側は、男性社員だけでなく同組合やその委員長、事務局職員も被告として、「ビラに書かれた内容は名誉毀損」などとして９８２万円の損害賠償を求めて提訴した。訴状の事実の中に「会社側の弁護士が組合会報に『悪徳弁護士』と書かれて名誉を毀損された」という「事実」

が書かれていた。

ところが、そんな「組合会報の記述」そのものが存在しなかった。会社側の弁護士も法廷で「現物を見ていない」「そう書かれていると人から聞いた」と認めた。つまり「提訴した違法行為の事実そのものが存在しないのに提訴した」ことになる。この例からわかるように、架空、虚偽の内容でも提訴することはできる。

【オリコン事件】

原告が「訴訟の目的は裁判で提出した請求と違う」と公言しているような場合でも、裁判所はその提訴を却下しない。

「オリコン事件」(2006年12月提訴)は筆者が被告になった事例である。これは月刊誌『サイゾー』が筆者のコメントとして掲載した文面(実際には筆者の意から逸脱して書き換えられ、筆者が掲載を断ったにもかかわらず掲載された内容)が名誉毀損であるとして、音楽ヒットチャート会社「オリコン」が烏賀陽個人に5000万円の損害賠償を請求した訴訟だった。掲載したサイゾーは被告にされなかった。提訴時、オリコン社は自社のウエブサイトに小池恒社長名義で「提訴の目的は金ではない。烏賀陽が謝罪すれば提訴を取り下げる」と声明を掲載した。「提訴の目的が訴状に書かれた損害の補償ではない」ことを当事者が公に認めている珍しい例である(東京地裁は烏賀陽に100万円の支払いを命じた。東京高裁での控訴審で2009年同社は請求放棄＝敗訴宣言をして終結）。この声明は証拠として法廷に提出された。しかし裁判所は提訴そのものを却下しなかった。

④　裁判所は法廷外の公的問題を考慮しない。

裁判所には「法廷に提出された証拠だけを根拠として審理を進める」という法律の建前がある。ところがこれがスラップ裁判では被告を攻撃するために有利に作用する。

先にスラップ裁判では「社会が議論している公的な問題が法廷内の瑣末な論争にすり替えられ、矮小化される」と書いた。前述の沖縄・米軍へリパッド訴訟なら「在日米軍のあり方は現在のままでいいのか」「これ以上の基地の拡充が必要なのか」、山口県の上関原発訴訟なら「日本にこれ以上の原発は必要なのか」が公的な論点（パブリック・イシュー）である。しかし法廷で争われていたのは「P年Q月R日X時Y分にZさんは工事を妨害する行為をしたのか、しなかったのか」という公的論点とは関係のない論点である。

裁判官が「P年Q月R日X時Y分にZさんは工事を妨害する行為をしたのだな」と法廷の証拠や証言で納得すれば「P年Q月R日X時Y分にZさんは工事を妨害する行為をした」という判決を出す。しかし、その過程で裁判所は「法廷外のパブリック・イシュー」を考慮する義務がない。反対に、法廷で論点になっていない論点を訴訟の中に持ち込んではならない。

だから「原告の言うとおりP年Q月R日X時Y分にZさんは工事を妨害したと裁判所は認めます」という判決は「P年Q月R日X時Y分にZさんがした行為限りに適応される法廷的真実」にすぎない。それ以外には適用されない。まして、パブリック・イシューそのものを裁判所は判断していない。というより、法廷に論点が提出されていないのなら、してはならない。裁判所は「在日米軍基地をさらに拡充すべきである」「日本にはさらに原発が必要である」とは言っていないどころか、判断していないのである。ところが現実には、あたかも判決がパブリック・イシューそのものにまで判断をしたかのような誤解が、一般世論はもちろん、報道にも広がってしまう。また、反対運動全部が正当性、妥当性がないかのように印象を操作することができる。

提訴する側=訴訟を仕掛ける側には「何を法廷での論点にするのか」を決める自由が最大限に保障されている。しかし提訴される側には、そうして決められた法廷内の論点に受動的に対応するしかない。最初から「提訴する側に有利」というアンバランスが民事訴訟の法的な構造にある。

⑤ 力の差を考慮しない。法人も個人も対等に扱う

米軍ヘリパッド訴訟で住民を訴えたのは国=日本国政府である。日本国内での民事訴訟で、国は米軍の法的な代理の地位を負うからだ。ここでは「日本国政府が、外国軍の基地の利益のために自国の主権者である国民を民事提訴すること」の是非は論点にしない。それはスラップという裁判制度の問

題というよりは、在日米軍基地の地位にかかわる日米の外交問題だからだ。

高江ヘリパッド訴訟の原告は、具体的には防衛省（防衛施設庁）だ。その予算規模は4兆6453億円（2012年度）。職員数は自衛官を除く事務官だけで2万2000人弱である。その財源は言うまでもなく国税だ。財源が尽きることはない。職員の供給が絶えることもない。疲弊すれば交代するだけである。裁判を業務として担当するとその職員はそれが仕事となり報酬が得られる。

それに対して被告になった2人の男性は地元の農家である。原告と被告の間の財力や組織力の差はここに述べるまでもあるまい。原告と被告の間に著しいアンバランスがある。こうした「被告と原告の裁判コストを負担する能力のアンバランス」は個人と国だけでなく、個人と企業の間でも発生する。例えば中国電力という電力会社が原発に反対する住民を提訴した上関原発訴訟がその例である。

しかし、裁判所はそうした原告と被告の組織や資金のアンバランスを考慮しない。どちらも対等に扱う。

逆に「個人が国・都道府県を訴える」行政訴訟でも、同じ問題は発生する。個人が政府・自治体や大企業と裁判をするのは容易ではない。しかし、スラップの場合、もともと訴訟を起こす側が一方的に有利である。さらにこのアンバランスが「有利の上乗せ」として作用する。有利不利のアンバランスは一層ひどくなる。

後述するが、アメリカでのスラップの定義は「提訴する側＝比較強者・提訴される側＝比較弱者」

というような固定された図式を想定していない。「提訴する側＝比較弱者・提訴する側＝比較強者」であることも、現実の訴訟では起きる。例えば、報道された内容をめぐって個人が新聞社やテレビを提訴する場合にも、反スラップ法を適用することが可能だ。アメリカでの反スラップ法の趣旨が「弱者保護」ではなく「裁判制度の悪用を防ぐ」「裁判制度への信用を守る」ことにあるからだ。この事実は第5章でもう一度詳しく論じる。

⑥　チリング・エフェクト（萎縮効果）

「チリング・エフェクト」とは、スラップ提訴された被告の苦境を見て、他の批判・反対者や潜在的な批判・反対者が意見の表明をやめる現象を指す。批判的な言論を表明している人や表明しようとしていた人が「自分もあんなひどい目に遭うのはいやだ」という恐怖感を抱くのだ。こうして「民事裁判の提訴」が公的な意見表明を抑止する効果を持つ。「裁判を受ける権利」を行使すると「言論の自由」を抑圧するという奇妙な現象が起きる。

「批判・反対者」とは一般市民だけを指すのではない。新聞やテレビ、雑誌といったメディアでの報道も含まれる。

前述の新銀行東京訴訟の場合それが顕著だ。内部通報者が提訴された時、内部通報を報道した当事者であるテレビ朝日や講談社は訴訟への協力を拒否した。やがて報道面でも沈黙するようになった。

その前後からほかの新聞やテレビ、雑誌も新銀行東京や都政の批判をしなくなった。都議会でも批判は低くなった。報道が手を引いたことで、スラップのターゲットにされた人はますます社会的に孤立した。

日本の新聞社やテレビ局は、民事裁判で提訴されることはもちろん、訴訟にかかわること自体を極端に避けようとする傾向がある。民事提訴された場合、組織としての被告は社長名で訴状に記される。提訴そのものを他のマスメディアが報道することも多い。上層部は「会社全体の問題」と捉える。現場の記者や部長レベルの判断を超えて、局長や法務部、場合によって役員の同意がないと動けない。

ここまで述べたように、民事訴訟は原告の意思ひとつで提訴できる。報道は相手の同意を得ない内容であっても報道する以上「100%提訴されない」ことは不可能だ。また原告の意思ひとつで提訴できる以上は「提訴されること自体」は悪いことでも間違ったことでもない。

しかし報道した側に落ち度がなかったとしても「訴えられる方にも、何か非があるのだろう」という偏見が発生することは日本の社会文化では避けられない。企業内部では「会社の信用を落とした」「裁判沙汰・トラブルを招いた」として人事面でマイナスに評価されることも多い。その報道にかかわった記者や編集責任者が人事考課でマイナスに評価されることも多々ある。

新銀行東京訴訟の場合は、自らの報道の情報源であってもかかわりを避けた。当時報道にかかわった記者に聞くと「現場で取材した記者たちは訴訟に参加して情報源を守ろうと提案したが、上層部がそれを許さなかった」と話している。内部通報者の証言を説得するとき、テレビ朝日の記者は「訴訟になっても守る」と提案している。しかしそれは実現しなかった。自らが提訴されていない訴訟に自発的に参加することを、上層部が了承しなかったからだ。情報源は「裏切られた」「見捨てられた」と感じた。

提訴されると、その問題そのものの報道をやめてしまうことも多い。元々新聞社やテレビ局がそうした報道の不文律を持っているからだ。新聞社に勤務していた筆者の経験でも、国政に影響するような重要な裁判を例外として、民事裁判を提訴の段階で記事にすることは稀である。私が裁判所担当だった時に教えられた理由は「提訴は紙一枚書けば誰にでもできる」「提訴したほうが正しく、されたほうが悪いような印象を広めない」ことだった。「記事は判決まで待て」「裁判所の判断を書け」とも言われた。

もうひとつ「民事裁判では原告・被告が対等なので、一方に組みしない」ことが、日本の新聞やテレビが掲げる「公正」「中立」の原則なのだと教わった。一方に好意的な報道をした場合、もう一方からクレームが寄せられることも多い。場合によっては訴訟に巻き込まれ、報道機関自身が訴えられることもある。

しかし、スラップでは提訴された瞬間に被告側の裁判コストの重荷が始まる。スラップという法理を弁護士や学者といった「専門家」が知らない現在では、彼らをいくら取材しても提訴そのものを問題視する発言は出てこない。そうした話が専門家から出ない限り、新聞が独自にそれを問題視することはない。よって報道もされない。

この原理がスラップ提訴にも適応されると、裁判コストで苦しめられる側は、苦しんでいることすら社会が知らないまま放置され、孤立する。そのために資金・人的な支援を得られず、ますます追い詰められるという悪循環に陥る。判決が出て報道されたときには提訴された側の苦悶は終わっている。判決が出ても報道されないことも多々ある。裏返して言うと、スラップを提訴する側には「批判者を裁判コストで苦しめる」ことだけではない。こうした批判者への攻撃を「社会の目から隠す」というもう一つの利益があることがわかる。

第4章　日本にもあるスラップ裁判例

この章では、日本で起きたスラップ訴訟の例を挙げる。ただし、日本の法律にはスラップ（SLAPP）という概念は導入されていない。裁判所や弁護士といった法曹界、法律学の学界にもほとんど知られていない。当然、スラップを「不法行為」「違法」とするような法律は存在しない。したがって以下にあげる訴訟も、日本の法律では違法性はない。正当な提訴である。後述するプリング・キャナン両教授の定義やカルフォルニア州法などアメリカでの定義に照らすと（第5章参照）、スラップ訴訟に該当する。そんな意味である。また、スラップの定義に合致しても、アメリカ州法でもただちに審理が却下されるとは限らない。被告側が出したスラップ動議が認められるかどうかは、裁判所の判断に委ねられる。そうした前提を繰り返し強調しておく。また事例の収集は筆者個人の作業の範囲内であることもお断りしておく。原告・被告どちらも取材に応じなかった例は省略した。

原子力発電所建設をめぐるスラップ訴訟

【上関原発事件】

提訴：２００９（平成21）年12月15日
裁判所：山口地裁岩国支部
原告：中国電力
被告：反対運動に参加した海上運送業者、漁業者、カヤック用品店経営者など４人
訴訟物：損害賠償、金額４７９２万３２０円

「上関原発」は、中国電力（本社：広島市）が、瀬戸内海に面した山口県・上関町（人口約３７００人）に建設を表明している原子力発電所だ。１９８０年に建設計画が明らかになって以来、地元上関町では激しい賛否の対立が続いてきた。特に原発予定地から瀬戸内海をはさんで船で15分の対岸にある「祝島」（人口約５００人）の住民が30年以上反対を続けている。

行政の許可手続きや住民との訴訟が一段落して、２００９年から２０１１年にかけて中国電力は、

現地の測量や準備工事などの予備的な作業に着手した。この前後から、反対派との対立が激しくなった。反対派住民や全国から応援に来た人々は、作業船が近づくと漁船やシーカヤックをだして海上での抗議行動を繰り広げた。

中国電力は、こうした反対運動に参加する約80人のうち4人だけを被告に提訴した。祝島住民で、反対運動のリーダー格2人と、島で暮らしながら運動に参加している山口県と広島県のシーカヤッカー2人である。

中国電力が求める請求内容はこうだ。2009年11月5〜11日にかけて行わる予定だった測量や浚渫などの作業が4人の抗議行動で遅れた。その遅れによる損害を賠償せよ。金額は4792万円である。同社は最初、妨害排除を求める仮処分を申請。後に損害賠償を求める本訴訟に切り替えた。

この訴訟での「意見の公的な発言」は原発建設反対の行動を取ることである。「公的な問題」は一言でいえば「上関原発建設の是非」である。ここにはさらに様々な論点が含まれる。それは「山口県・上関町に原発を建設すべきなのか」という「立地」の問題だけではない。「これ以上の原発の新規立地は日本に必要なのか」「脱原発を目指すのか・現状維持を続けるのか」「脱原発を目指すなら、代替エネルギーはどうするのか」といった日本国全体のエネルギー政策として議論しなければならない。数十年のタイムフレームに及ぶ長期的な問題でもある。特に福島第一原発事故後は、一層社会的な関心や深刻さが増している。

ところが、法廷で議論されるのは「Y年M月D日に人物Pは場所Qで工事妨害をしたのか、しなかったのか」という論点である。これは「日本にこれ以上新規の原発は必要なのか」「日本のエネルギー政策はどうあるべきなのか」という公的な論点とはまったく違う「矮小化された」論点である。あえて語調を強めていえば、公共の利益にかかわる公的な論点とは関係がない。

仮に「人物Pが工事妨害をした」と裁判所が判決で認定したとしても、裁判所が「原発を建設すべきだ」と是認したことにはならない。逆に「原発を建設すべきではない」という被告Pの公的な言論の正当性が否定されたことにもならない。被告Pの発言者としての正当性が否定されたことにもならない。繰り返すが、法廷内で議論される論点は、公的な論点とはまったく異なる議題なのだ。

在日米軍基地問題でのスラップ訴訟

【沖縄・高江米軍ヘリパッド事件】

提訴：2010（平成22）年1月29日

裁判所：那覇地方裁判所

原告：日本国

被告：反対運動に参加した地元住民2人

訴訟物：通行妨害禁止、金額２９８万７１５３円

係争の舞台になっている「高江」は、沖縄・北東部の国頭郡東村にある地区の名前である。那覇から北東に向かい、車で3時間走る。道の両側はブロッコリーのようなこんもりとした樹木で覆われている。「やんばる」と地元で呼ばれる亜熱帯のジャングルだ。「高江」は人口１６０人。原生林と海岸線で囲まれた小さな集落だ。

この原生林に「北部米軍演習場」が広がっている。密林での行軍、渡河や兵員降下を訓練する「ジャングル戦訓練センター」(Jungle Warfare Training Center) だ。その面積78平方キロメートルは、山手線の内側(63平方キロ)よりまだ広い。地元住民も立ち入りできない。

この山林を切り開いて、直径75メートルのヘリ発着場(ヘリパッド)が六カ所建設されようとしている。ちょうど集落を見下ろす位置である。既存の発着場で撮影されたビデオでは、プロペラ2発の巨大なCH-46が離着すると、騒音がひどくて地上では会話もできない。パイナップル畑を海風が渡り、横でヤギの親子が無邪気に遊んでいる静かな農村が、ヘリの轟音に沈められる。

この米軍演習場ヘリ発着場の拡張工事に、住民が反対運動を起した。それに日本国政府が「工事妨害」として民事訴訟を提訴した。日本政府は民事訴訟で米軍の代理をする立場にある。許可する決裁をしたのは民主党政権である。

住民は2007年夏ごろから建設現場の入り口前の道端にテントを張り、工事車両や作業員が現れて工事を始めないか「見張り」を始めた。工事は予告なしに始まるからだ。作業員らが来ると携帯電話で集落から住民を呼び、現場入り口の前の県道に並んで、立ったり座り込んだりして抵抗した。なお、この反対運動への刑事告訴はない。

国が取った手段は民事提訴だった。まず、住民や那覇市の自然保護団体ら15人を相手取り「通行妨害禁止仮処分」の申し立てを那覇地裁名護支部に起こした。2008年11月のことだ。国が住民を相手に民事訴訟を起こすというだけでも異例だった。さらに、仮処分対象に選ばれた15人の中に、反対運動のリーダーの1人、安地嶺現達さん（52歳）本人だけでなく、8歳の娘や妻まで入っていた。「現場にいた人と背格好や服装が似た別人」まで入っていた。さすがにこの仮処分申請は、裁判所が15人のうち13人を却下した。

が、安地嶺さんと、もう一人の住民・伊佐真次さん（48歳）だけは運動のリーダーであるという理由で仮処分を認めた。しかし国は矛を収めず、2010年1月、2人を被告に「通行妨害禁止」を求める本訴訟を那覇地裁に起こした。

この提訴は「米軍に施設を提供している」立場の防衛施設庁＝国が原告だ。「私人と私人の紛争を解決する手段」である民事訴訟の原告が国というのが奇異なら、国が税金を使って納税者である国民を訴えたというのもまた奇妙だ。

２０１２年３月14日、那覇地裁は２人のうち伊佐さんに通行妨害の禁止を命令する判決を下した。安次嶺さんへの請求は棄却した。２０１３年６月25日、福岡高裁那覇支部は住民側の控訴を棄却。伊佐さんへの通行妨害禁止を認めた。７月５日、住民側は最高裁に上告。２０１４年６月13日、最高裁は上告を棄却した。

この訴訟での「公的な意見表明」は、米軍ヘリパッドの拡張・建設に反対する地元住民の反対運動である。

公的な論点は「沖縄・高江に米軍基地施設はこれ以上必要なのか」「沖縄にこれ以上の米軍基地施設は必要なのか」「沖縄の米軍基地負担は重すぎるのではないか」など。さらに「そもそも日本に米軍基地は必要なのか」といったより広い論点も含まれる。いずれにせよ、これらの公的な論点は日本全体の安全保障政策に直結する大きな問題である。利害が及ぶ人数、空間的広がりも大きい。

しかしここでも法廷で争われているのは、上関原発と同じような「Y年M月D日に、人物Pは場所Qで工事妨害をしたのか、しなかったのか」である。公的問題とはまったく異なる議論に矮小化されている。

福島第一原発事故に関連したスラップ訴訟

【経産省前テント事件】

提訴：2013（平成25）年3月29日
裁判所：東京地裁
原告：国
被告：「経産省前テントひろば」の市民グループ2人
訴訟物：土地明け渡し等請求、金額1144万円

2011年9月11日、東京・霞ケ関の経済産業省前の同省敷地に原発再稼働反対や原発廃止を訴える市民グループがテントを張り、座り込みを始めた。その敷地（国有地）約90平方メートルの使用料相当額を賠償するよう求めて、国がリーダー2人を提訴した。2015年2月26日の東京地裁判決は「土地は国有地で、占有は認められない」として、テントの撤去と土地の明け渡しを命じた。請求額1144万円ほぼ全額の支払いと、撤去するまで1日あたり約2万2000円の支払いも命じた。

ここでの意見の公的表明行為は「経産省所有の土地にテントを張って座り込むこと」である。それ

によって「経産省が所管する日本国政府の原発政策に異議を唱える、反対する」が言論内容だ。
公的な論点は「経産省が所管してきた原子力発電行政や原発事故への対応の是非」あるいは「経産省の福島第一原発事故の責任」など広範囲に及ぶ。
この訴訟でも法廷内で議論されている「経産省前の敷地にテントを張って座り込みをすることの是非」と「経産省が主管する原子力発電行政の是非」の間には関係がない。従って裁判所が国有地の占有の正否を審理して判断を下しても、公的な問題・論点の是非には関係がない。裁判所が審理する公益上のメリットがない。

【東電フィクサー事件】

提訴：2012（平成24）年3月16日
裁判所：東京地裁
原告：警備会社社会長　白川司郎
被告：フリーランス記者　田中稔（社会民主党『社会新報』編集次長）
訴訟物：不法行為に基づく損害賠償請求、金額5750万円
2013年12月、白川が訴訟を取り下げて終結

『週刊金曜日』２０１１年12月16日発行に掲載された、田中執筆の記事「『最後の大物フィクサー』白川司郎氏　東電利権に食い込む」の中の「フィクサー」などの表現が名誉毀損だと主張して白川が提訴した。

ここでは記事の執筆と刊行が意見の公的な表明にあたる。記事の編集と発行の責任を負う『週刊金曜日』が提訴されず、フリーランス記者として取材・執筆をした田中だけが提訴された。

ここでの公共の問題は、東京電力の経営の透明性や公平性、倫理性である。電力供給という公共的性格の強い事業であること、その歳入には電力利用者の料金が含まれることからも、その経営のあり方は公的な利益にかかわる。事業の発注が公平な競争を元に行われているか、偏りがないか、そうした内情が公開されているかどうかなどは公共の議論の対象になる。

しかし、裁判で議論されるのは当該の記事の「フィクサー」などの文面が名誉毀損なのかどうかである。裁判で名誉毀損が認められても、東京電力の経営の透明性や公平性が是認されたことにはならない。

内部告発・取材情報源へのスラップ訴訟

【新銀行東京事件】

提訴：２００８（平成20）年8月4日
裁判所：東京地裁
原告：新銀行東京（東京都新宿区）
被告：横山剛（元同行行員。東京都在住）
訴訟物：不法行為に基づく損害賠償請求、金額１３２０万円

新銀行東京は、石原慎太郎・前東京都知事が「中小企業の救済」という選挙公約を実現するために設立された行政主導型の金融機関である。ところが不良債権が多発し、都税から１４００億円を投入する経営危機に陥った。公的資金の導入や融資の妥当性、経営のあり方をめぐって都議会や報道など世論は沸騰した。こうした公的議論の中「融資先の決定について、都庁幹部から銀行幹部に圧力があった」と両者の会議に立ち会った行員・横山剛が、会議の文字記録と音声録音を証拠としてテレビ番組「サンデー・プロジェクト」（テレビ朝日）と『週刊現代』（講談社）で実名で証言した。いわゆる「ホイッスル・ブロワー」「内部通報」である。

新銀行東京は「報道は横山の守秘義務契約違反」と主張して、横山個人を１３２０万円の損害賠償訴訟を東京地裁に提訴した。この提訴の特徴は、訴状で「守秘義務違反」と原告が主張する内容を報道したテレビ朝日と講談社が被告から外されていることだった。組織と財力を持つ企業を被告にせず、

もたない個人だけを被告にした。

また、原告の法廷での議論には「報道の内容に公的利益はあるのか」「報道の中身は真実なのか」といった「公的利益」の論点がなかった。

横山からの度重なる要請にもかかわらず、テレビ朝日と講談社は訴訟参加（自ら被告として裁判に加わること）や金銭負担などの支援をしなかった。裁判途中で『週刊現代』編集長が交代した講談社は態度を変えて支援を申し出たが、不信感を持った横山はそれを断った。結局、横山は個人で弁護士費用や裁判準備をすべて負担した。精神・肉体、経済的に疲弊した横山は２００９年11月に新銀行側との和解に応じて裁判は終結した。

和解内容は「会議の文字記録の返還」「録音の消去」などだった。こうした和解内容は、原告が主張していた「守秘義務違反の有無」の議論とは無関係だった。

ここで横山だけを被告に選び、テレビ朝日や講談社を外したことには何の違法性もない。前述した①のとおり、誰を「被告」として提訴するかはまったく原告側の自由だからである。さらに「どんな事実を不法行為と主張するか」「いくらの金額を求めるか」も自由である。「報道への内部通報を不法行為だ」と主張することに違法性はない。「１３２０万円」という請求額の設定に法律で決まった根拠や合理的な数式があるわけではない。「裁判を起こす側の自由な設定」である。

この訴訟での公的な意見表明は「横山のテレビ、週刊誌での証言」である。

横山の証言内容は新銀行東京にとって好ましくない内容である。原告＝被批判者・被告＝批判者と、裁判の当事者が「言論」の当事者だ。訴訟の外側には「新銀行東京の経営は妥当なのか」「1400億円もの都税の投入は妥当なのか」という「公共の利益」にかかわる「公的論争」がある。その「公的な問題」は「守秘義務契約違反はあったのか」という法廷内の議論に矮小化された。論点がすり替えられた。公的な議題は議論されずに放置された。

「横山に守秘義務違反があった」と判決が認定したとしても「新銀行東京の経営方針が是認された」「1400億円の都税投入が肯定された」ことにはならない。また、例え裁判で勝っても、経営方針を裁判所が是認したことにはならない。また、すでにテレビ・雑誌で公開された情報を「なかったこと」にすることはできない。裁判には争う公益上の「実利」(merit)がない。

横山への提訴と前後して、報道や都議会での新銀行東京や都政への批判は沈静化した。これは横山を「見せしめ」にした「萎縮効果」が働いたといえる。取材が進行していたとき、テレビ朝日・講談社は横山と緊密な連携を取っていた。しかし訴訟に参加しなかったことから横山は不信を抱き、関係に溝ができた。提訴には「批判者を分断する」効果があったことがわかる。

この裁判は「不利な報道をされた場合、スラップで取材源だけを攻撃する」ことが可能だと示したことにある。この結果を見て、新銀行東京のみならず、企業や官庁などで内部告発を考えていた「潜在的な批判者」は報道に協力することをためらうようになるだろう。また、テレビ朝日・講談社が情報源を裁判で支援しなかったことは、報道に大きな損害を残した。「報道に情報を提供したら、裁判を起こされて苦しめられる。しかも報道した側は訴訟では助けてくれない」と知れば、取材に協力しようとする人も躊躇するのが自然である。

【オリコン事件】

提訴：2006（平成18）年11月17日
裁判所：東京地裁
原告：オリコン（東京都港区）
被告：烏賀陽弘道（フリーランス記者。東京都在住）
訴訟物：不法行為に基づく損害賠償請求、金額5000万円

筆者自身が被告になったスラップ訴訟である。筆者がスラップに興味を持ち取材を始めるきっかけになった。

特徴は、①原告が声明を出して「訴訟を訴状に書かれていない他の目的（要求をのめば提訴を取り下げるという恫喝）に使った」ことを認めている②烏賀陽が書いた記事ではない、発言が引用された記事で提訴された③記事を書いた雑誌記者や掲載した出版社は提訴されなかった。

「オリコン」社（小池恒社長）は東京都港区に本社を置く音楽ヒットチャートなどの会社である。提訴の対象になった記事は、月刊誌『サイゾー』小林稔副編集長（当時）が取材し執筆した月刊誌『サイゾー』２００６年4月号の記事「ジャニーズは超ＶＩＰ待遇!?事務所とオリコンの蜜月関係」。烏賀陽は小林の電話取材に対応したが、チャートについての一般論を話したにすぎない。ところが、小林はジャニーズ事務所のチャート操作疑惑を指摘する記事に無断で転用した。烏賀陽は事前にそれを知り、掲載を拒否したが、小林は無視した。

オリコンは、引用された烏賀陽のカギ括弧内コメントだけが名誉毀損だと主張して、烏賀陽だけを提訴した。烏賀陽に取材し、記事を執筆したサイゾー編集部や発行会社である「インフォバーン」（当時）は被告から外された。

東京地裁は２００８年4月22日「烏賀陽に名誉毀損の責任がある」として１００万円をオリコンに支払うよう烏賀陽に命じた。２００８年5月2日、烏賀陽は東京高裁に控訴。２００９年8月3日、オリコン側が訴訟を「理由がなかった」と判決を待たずに「自己敗訴」を申し立てる「請求の放棄」を宣言。裁判はサイゾーを含めた三者の和解の形で終結した。

オリコン社は訴訟を請求以外の目的に使ったことを公式に認めている。提訴した直後の同社ウエブサイト「ORICON STYLE」（２００６年12月19日付）で小池恒社長名義で「私たちの真意は損害賠償を要求することではない」と、提訴の目的が裁判で求めている内容とは違うことを公に認めている。

その「真意」として「烏賀陽が事実誤認に基づいて長年にわたって誹謗中傷を続けたことを認め、謝罪するなら提訴を取り下げる」と記している。

損害賠償を求める民事訴訟を起こす一方で「謝罪すれば提訴を取り下げる」と訴訟コストの苦痛と引替えに謝罪を要求する法廷外の取引を持ちかけている。訴訟の目的が「名誉毀損による損害の回復」ではなく「烏賀陽に過ちを認めさせ、謝罪させること」と認めている。こうした原告本人がスラップ性を公に認めた例は珍しい。

また、この提訴は「雑誌の取材に答えた取材源を訴訟で攻撃する」かつ「個人より組織力・資金力があり、訴訟対応力が強い企業を被告にしない」＝「情報源を孤立させる」という点で新銀行東京事件と共通している。こうした「取材を受けると提訴されるかもしれない」という認識が広まれば、取材に応じることの不安は強まる。実質上「他者の話を聞いて記事中に引用する」という取材執筆行為が成立しなくなる。

33カ月間の訴訟期間中、被告になった烏賀陽は収入源と弁護士費用などで990万円の損害を被った。『サイゾー』はうち500万円を賠償。「オリコン」は賠償を拒否した。

ここでの公的な意見の表明は「雑誌の取材に応えて考えを述べること」である。

公的な論点は、音楽ヒットチャートの透明性、公平性、正確性の是非である。チャートでの順位や順位変動は広告で「X社ヒットチャートP位」などと喧伝される。その情報は購買者の行動決定に強い影響力を持っている。そのチャートがいかなる方法で集計されているのかが開示され、消費者がその信憑性を判断できるようにしておくことは、消費者の権利としても、企業倫理としても重要である。

「新銀行東京事件」「オリコン事件」はどちらも報道への情報提供者がスラップ提訴された例である。情報提供者が提訴されたことを知った他の潜在的な提供者や批判者は「報道の取材に協力して発言すると、あんなふうに提訴され苦痛を負わされるかもしれない」と恐れて、発言を控えるようになる。これがプリング・キャナン両教授が言う「チリング・エフェクト」（萎縮効果）である。ここでスラップは批判や情報提供への抑止としてはたらく。報道にとっては、情報提供者が途絶える。提訴する側にすれば、批判的な言論や情報提供者が広まることを封じ込めることができる。

報道がこうしたスラップに対抗するためには、提訴された情報提供者や発言者を援護することしかない。具体的には、利害関係人としての訴訟参加（自主的に被告になる）や弁護士の紹介、弁護士費用の負担、裁判の継続した報道などである。

労働組合・雇用をめぐるスラップ訴訟

【DHC・労組事件】

提訴：2005（平成17）年1月21日に2件同時提訴
裁判所：東京地裁
原告：ディーエイチシー（東京都港区。吉田嘉明社長）
被告：後述のⓐが同社を解雇された社員4人と法人としての「労働組合ネットワークユニオン東京」。ⓑは4人のうち1人のみ
訴訟物：ⓐ損害賠償、金額5000万円　ⓑ著作権侵害、金額1024万2500円

リストラを発端とした労働問題にからむスラップ訴訟である。舞台となった「DHC」社は健康食品・化粧品の製造・販売会社の大手として名が知られている。被告になった4人は、翻訳・通訳事業部に在籍していた。そのDTP部門の閉鎖などを理由に2003年10月、合計10人の人員整理が通告された。そのうち4人が職能組合である「労働組合ネットワークユニオン東京」（NU東京）に加盟し、分会として「DHC分会」を結成、団体交渉を始めた。そして2004年3月15日、地位確認等を求める訴訟を東京地裁に起こした（2006年1月和解成立。4人は職場復帰はできなかったが和解金が支払われた）。

こうした「労働組合を結成する」「訴訟を提訴する」ことは「公的発言」の定義に合致する。スラップに該当する訴訟は2件ある。

ⓐ　DHCが「NU東京のホームページにあるDHC分科会のコラムにある記述と、そこからリンクが張られた他のHPの記述が同社の名誉毀損」と主張して5000万円を提訴。東京地裁は2005（平成17）年12月20日に請求を棄却する会社側敗訴の判決を言い渡した。

ⓑ　4人のうち1人がつくった文書の単語数をカウントするソフトを「業務用として作成したソフトを自分のHPで公開した」と著作権侵害で提訴。1024万2500円を請求。2006年1月26日、会社側が訴えを取り下げて和解が成立。

この訴訟では本来公的に議論されるべき公的論点は「DHC社の従業員解雇は正当なのか」あるいはさらに広く「企業収益改善のために従業員を解雇することは正当な経営手法なのか」だった。被告はその公的議論の発言者（批判者）であり、原告は被発言者（被批判者）である。しかしそれは議論されず、法廷内では「ホームページの文言は名誉毀損なのか」「ソフトウエアの公開は著作権侵害なのか」といった公的論点とは無関係の論点にすり替えられた。公益上の論点は議論されないまま終わった。

【アルファデザイン事件】

提訴：2009（平成21）年3月24日

裁判所：東京地裁

原告：アルファデザインコンサルタンツ（東京都台東区。林信男社長）と同社の代理人弁護士2人
被告：解雇された同社従業員1人のほか法人としての「労働組合ネットワークユニオン東京」とその委員長、書記長（同社従業員ではない）。
訴訟物：名誉毀損による損害の賠償、金額982万円
2011（平成23）年2月14日、和解成立。解雇を撤回。自主的な退職とした。元従業員に和解金990万円を支払う

これも従業員の解雇をきっかけとした労働争議をめぐるスラップ訴訟。「労働組合に参加する」「労使交渉を行う」などが「公的言論の行使」にあたる。

2008年3月、建築設計会社「アルファデザインコンサルタンツ」社が男性従業員1人を解雇しようとした。従業員は職能組合である「NU東京」に同年5月参加。労働組合としての交渉が始まったことがスラップの発端になっている。原告に、企業側経営者だけでなく、会社側の弁護士2人が加わっていること、被告に従業員が加盟した労働組合の執行部員が入っていることが特徴である。

会社側の主張は「組合が会社付近に配布したビラによって名誉を毀損された」である。「原告会社があたかも被告に対し、でたらめな業務指示をしたうえ、それに従わなかった被告を理由のない懲戒解雇をしたかのごとき印象を与えるもので、原告会社の名誉、信用を著しく毀損する」としている。

また「被告組合の会報で2弁護士を『悪徳弁護士』であると誹謗中傷し、その名誉を著しく毀損した」と主張した。ところが、この「組合会報」にはそんな記述はなかった。法廷で、会社側弁護士は「そういう記述があると人から聞いた」と現物を見ていないことを認めた。

上記ふたつの労働組合をめぐる訴訟では、公的な意見表明は「労働組合を結成すること」あるいは「労働組合に加入すること」である。ここでは組合として団体交渉をすることや、チラシやビラ、ホームページを刊行することが含まれる。

この訴訟の背景には「公的な問題」として、企業の経営方針の是非がある。さらに終身雇用制度が崩壊したあとの「リストラ」という名の解雇のあり方や、非正規雇用といった新しい雇用形態の是非、という論点がある。

裁判所でホームページやチラシの文言やリンクが名誉毀損かどうかを争っても、あるいはソフトウエアの使用が著作権違反かどうか争っても、こうした公共の問題には何ら寄与しない。解決にならない。したがって公共の利益がない。

環境保護運動へのスラップ訴訟

【馬毛島事件】

提訴：2008（平成20）年1月17日

裁判所：鹿児島地裁

原告：馬毛島開発株式会社（鹿児島県西之表市。立石勲社長）

被告：馬毛島の開発に反対した漁業者、地元市会議員など21人

訴訟物：損害賠償、金額1200万円

自然環境保護のために開発に反対する住民が差し止め訴訟や仮処分申請を起こした。これが公的言論の行使にあたる。開発会社が、それによって被った「精神的損害」と「弁護士費用」1200万円を請求。

馬毛島《まげ》は、鹿児島県・種子島の西12キロほどのところにある無人島。周囲約12キロ、面積8・4平方キロの小さな平坦な島の土地約99％を「馬毛島開発」が所有している。1970年代から「リゾート施設」「使用済み核燃料の中間貯蔵施設」「採石」「砂利採取」「米軍・自衛隊施設」など様々な開発計画が現れては消えている。地元・種子島の漁業者・市会議員などが反対。採石・砂利採取などの工事によって周辺の海域に泥水が流れ込み、漁業に損害を与えるという懸念からだった。会社側は採石事業や飛行場建設差し止めの訴訟・仮処分申請など6件の訴訟を挙げて、うち3件で被った精神的損

害と弁護士費用の賠償を求めた。平成21年（２００９年）1月7日、会社側は訴えの取り下げを通告。しかし住民側は同意せず、同年2月4日、会社側が請求をすべて放棄して敗訴宣言。裁判は終結した。

この訴訟での被告側の「公的な意見表明」は「民事裁判を提訴すること」である。あるいは住民運動として馬毛島の開発に反対を表明することである。

公的な論点は馬毛島の開発方針の是非だけではない。開発行為と自然保護の妥協点という、さらに大きな公共の問題が含まれている。しかし、裁判で議論されるのは「工事差し止めの提訴は精神的苦痛を業者に与えたのか」という小さな論点でしかない。公共の問題とは関係が薄い。

宗教団体や自己啓発団体などが関係したスラップ訴訟

団体にとって好ましくない言論を公的に発した元信徒や脱会者、あるいは問題を指摘した記者が標的になることが多い。またそうした脱会者の訴訟代理人になったり「被害者団体」をまとめる弁護士が標的になることもある。

【オウム真理教・江川紹子事件】

提訴：１９９１（平成３）年6月11日

裁判所：東京地裁
原告：オウム真理教
被告：フリー記者・江川紹子
訴訟物：名誉毀損による損害賠償、金額１００万円
判決：１９９４（平成６）年６月24日　オウム側の請求を棄却

提訴の対象になったのは書籍『救世主の野望 オウム真理教を追って』。１９８９年の坂本弁護士一家失踪事件（後にオウム真理教による組織的な一家殺害と判明）をきっかけに、同教団を継続して取材していた元神奈川新聞記者の江川紹子が１９９１年３月に出版した。この本の出版差し止めと名誉毀損による損害賠償を求めて、同教団が江川と出版元の教育史料出版会を提訴。日本では最も早い時期のスラップ訴訟のひとつ。

公的な意見表明は、報道記者として記事や本を出版すること。

公的な論点は、オウムに限らず、新しく出現した宗教団体が社会にとって害や危険はないのか、である。

オウムが後に弁護士一家や信徒、信徒家族の殺害、神経ガスを使った大量殺害事件などの凶悪事件を起こしたことを考えると、記者の報告は社会に注意を喚起する、議論すべきであることを警告する

役割があった。

しかしここでも民事訴訟で争われるのは、本に書かれた文言が名誉毀損にあたるかどうかであって、そうした教団の行動や教義について、公共の利益にかかわる議論ではなかった。

【幸福の科学事件】

提訴：1997（平成9）年1月7日

裁判所：東京地裁

原告：幸福の科学（本部・東京都品川区）

被告：山梨県在住の元信徒の男性（当時35歳）と山口廣弁護士（東京第二弁護士会）

訴訟物：名誉毀損による損害賠償、総額8億円

献金の賠償を求めて教団を提訴した元信徒と弁護士を、教団が「虚偽の訴訟で名誉を傷つけられた」と損害賠償を求めて逆提訴した例。

ここでは信徒の提訴が「公的言論の表明」にあたる。発端になった元信徒の提訴は1996年12月に起こされた。「団体幹部に脅迫を受けて献金を強制された」と2億6000万円余りの損害賠償を求めた訴訟。教団は「脅し取った事実はない」と主張していた。また山口弁護士は「記者会見や日弁

連のセミナーでの発言、日弁連の出版物での記述が名誉毀損にあたる」と提訴された。山口弁護士は「(教団の提訴で)弁護士業務を妨害された」と教団に800万円の損害賠償を求めて提訴(反訴)した。

判決：

・東京地裁　2001(平成13)年6月29日
教団側の提訴を棄却。山口弁護士の起こした訴訟で「批判的言論を威嚇する目的で、到底認められない請求額で提訴したことは、裁判制度に照らして相当性を欠き違法」と、教団側に100万円を払うように命じた。発端になった訴訟では「献金を強制したとはいえない」として信徒側が敗訴(1999年5月)

・東京高裁　2002(平成14)年5月27日。一審判決を支持

・最高裁　2002(平成14)年11月8日。山口弁護士の主張を認めて、教団側の上告を棄却。一、二審判決が確定

「民事訴訟を批判的言論を威嚇する目的に使った」ことを日本の裁判所が認めた数少ない例である。しかもそれが最高裁の判例で確定している点で貴重だ。しかし、この判例でも「提訴そのものが違法あるいは言論の自由の侵害」とまでは判断していない。憲法が定める「裁判を受ける権利」を認めて

いる。「到底認められない請求額で提訴したこと」が「相当性を欠く」としたにすぎない。つまり「請求金額が高すぎる」ことが問題だった。事実、この判例後の日本のスラップ訴訟では億円単位の請求は姿をひそめ、数百～千万円単位が多くなる。裁判所も、提訴そのものはもちろん、請求額を問題にする例は見なくなった。

【ホームオブハート事件】

提訴：1997（平成9）年1月7日
裁判所：東京地裁
原告：TOSHIオフィス
被告：紀藤正樹弁護士ら
訴訟物：名誉毀損、営業妨害など
2010年3月9日、訴訟の取り下げで和解が成立

ホームオブハートは集団生活を特色とする自己啓発セミナー。「リーダーたちの暴力や恫喝的な罵声のもと、マインドコントロール状態で多額の寄付をさせられた」として元参加者が損害賠償を求める裁判を起こした。また、こうした批判者にグループ側が加えた批判に名誉毀損訴訟を起こした。

グループ側は、こうした一連のグループ側との論争の正面に立っていた元参加者や、被害者弁護団をまとめていた紀藤正樹弁護士を、営業妨害や名誉毀損で提訴した。

ここでの公的な意見表明は記者会見を開くことや、セミナーで講師として発言すること。弁護士として被害者団体をまとめる。記者会見を開くなどである。

公的な論点は、やはり「その団体は社会にとって害や危険はないのか」である。弁護士の活動にはそうした被害を早期に集め、まとめ、社会に報告し、警告することが含まれる。またそうした警告によって、宗教団体側も、その活動を社会が許容する範囲に修正していくという機能がある。

裁判所で争われる記者会見やセミナーの文言が名誉毀損にあたるかどうかは、そうした公益には関係がない。

報道へのスラップ訴訟

新聞・雑誌などに掲載された報道記事に対して提訴されたスラップ訴訟。ここでは執筆者がフリーランス記者、社員記者かどうかを問わない。こうした報道記事を対象に提訴される訴訟はスラップの「基本型」といえるほど数が多く、また歴史も古い。被告になるのは①執筆者である記者②編集責任を負う新聞社・出版社（メディア企業）③その両方④そのどちらかであることが大半。

【武富士事件】

消費者金融会社「武富士」が、その経営や取り立てなどの問題を報道した雑誌・書籍の出版社や記者、弁護士らを名誉毀損で提訴した事件。下記はいずれも原告は武富士で、裁判所は特記がなければ東京地裁である。

民事法廷外の展開として、2003年12月、下記A、E、F事件の山岡らジャーナリストの自宅電話を盗聴するよう指示したとして、電気通信事業法違反（盗聴）容疑で同社会長の武井保雄が逮捕された。武井は会長を辞任。2004年11月、懲役3年執行猶予4年の有罪判決を受けた（2006年8月10日、肝不全のため死去）。この武井会長の逮捕は、下記の民事裁判でも武富士側（原告）の裁判官の心証を悪化させたともいえる。

ⓐ『サンデー毎日』事件

提訴：2002（平成14）年12月
被告：毎日新聞社とフリー記者・山岡俊介
訴訟物：名誉毀損の損害賠償、金額1億1000万円
提訴直後、武富士が取り下げ

『サンデー毎日』が掲載した同社による経営に批判的な記者や社員への盗聴疑惑を名誉毀損として提訴

ⓑ『週刊金曜日』事件
提訴：2003（平成15）年3月
被告：『週刊金曜日』とフリー記者・三宅勝久
訴訟物：名誉毀損の損害賠償、金額1億1000万円
2004年9月、東京地裁は請求を棄却
2005年2月、東京高裁も請求を棄却
『週刊金曜日』が掲載したルポ「武富士残酷物語」を名誉毀損として提訴

ⓒ「武富士の闇を暴く」事件
提訴：2003（平成15）年4月
被告：出版元の同時代社と筆者の今瞭美、新里宏二、宮田尚典の3弁護士
訴訟物：名誉毀損の損害賠償、金額5500万円
2005年3月、東京地裁判決

ⓓ『週刊プレイボーイ』事件
提訴：2003（平成15）年5月
被告：集英社とフリー記者の寺澤有
訴訟物：名誉毀損の損害賠償、金額2億円
2004年2月、武富士が請求放棄して被告側の勝訴
『週刊プレイボーイ』掲載の、武富士の警察への金品贈与など癒着疑惑を報じた記事

ⓔ『月刊ベルダ』事件
提訴：2003（平成15）年7月
被告：出版元の「ベストブックス」社とフリー記者の山岡俊介ら
訴訟物：名誉毀損の損害賠償、金額1億円
2004年3月、武富士側が請求放棄して、山岡側の勝訴。出版社は和解
同社の『月刊ベルダ』に掲載された盗聴疑惑にまつわる記事

ⓕ『月刊　創』事件

提訴：2003（平成15）年8月
被告：創出版とフリー記者の山岡俊介、野田敬生
訴訟物：名誉毀損の損害賠償、金額3497万円
2004年3月、武富士が請求放棄したため被告側の勝訴。野田は和解
（北健一『武富士対言論　暴走する名誉毀損訴訟』〔花伝社、2005年〕による）

ここでの公的な意見表明は「記事や書籍を書いて刊行する」である。公的な問題は「消費者金融の経営のあり方」だ。特に当時は「債務者や家族からの強引なとり立て」「グレーゾーン金利」が社会問題になっていた。後に武富士の会長が社員や記者の違法な盗聴に関与していたことがわかったように、こうした「消費者金融の経営」は公共が議論すべき重要性を持っていた。

一方、訴訟での論点は「記事や本の文言が同社の名誉を毀損するかどうか」である。ここでも裁判で議論される内容は、公共の問題とは関係が薄い。裁判で名誉毀損が認められても、同社のとり立て方法をはじめ経営方針が是認されたことにはならない。反対に認められなくても、否定されたことにもならない。

【北海道警裏金報道事件】

提訴：2006（平成18）年5月31日
裁判所：札幌地裁
原告：北海道警察本部を退職した元総務部長
被告：出版社「講談社」「旬報社」。北海道新聞社。『北海道新聞』で道警裏金報道にあたったキャップ・サブキャップ記者二人
訴訟物：精神的苦痛への慰謝料など920万円。出版社2社が発行した書籍の回収・破棄。『北海道新聞』への謝罪広告の掲載
判決：
ⓐ札幌地裁／2009（平成21）年4月20日
①北海道新聞社と記者2人、旬報社に12万円の支払いを命じた
②北海道新聞社と記者2人、講談社に60万円の支払いを命じた
ⓑ札幌高裁／2010（平成22）年10月26日。原判決は相当として控訴を棄却
ⓒ最高裁／2011（平成23）年6月16日、上告棄却。原告（元総務部長）の勝訴が確定

北海道警察本部が「架空の捜査協力者がいたことにして、その費用を本部に請求」「その費用を警視以上の幹部が私的流用」「偽領収書を作成」していた、という疑惑を北海道新聞が報じた。

2003年11月、旭川中央警察署での不正経理発覚を発端に、道内の各部署・各課、各警察署でも同様の不正経理が発覚。元釧路方面本部長や元弟子屈警察署次長、元生活安全部長といった幹部たちが裏金づくりの存在を証言した。この事件のために警察幹部が大量に処分された。兵庫、愛媛、高知県など全国の警察本部でも同種の不正経理が発覚する皮切りになった。北海道警察本部は2005年11月までに国と道に総額9億6272万円を返還した。

この訴訟の特徴は、つぎの点にある。

①提訴したのは退職した元総務部長1人で個人である。組織としての北海道同警察本部または警察組織は訴訟にまったく関係していない。

②裏金問題を報道したのは『北海道新聞』の記事であり、同紙の記者二人が被告になっているのに、同紙の記事は裁判で争う対象になっていない。争いになったのは旬報社『警察幹部を逮捕せよ！泥沼の裏金作り』（2004年）と講談社『追及・北海道警「裏金」疑惑』（2004年）という、北海道新聞とは別の出版社が出した書籍2点に出てくるそれぞれ2カ所、合計4カ所の記述。被告になった北海道新聞の記者2人が執筆した。いずれも原告が登場人物として記述されている。4カ所のうち一つを例に上げると、次の記述である。

「その時、総務部長は本部長から『よくもこんな下手をうってくれたな』と叱責されたらしい」（旬報社）。

「そして、ほどなく、道警内部からこんな話が伝わってきた。『（原告）総務部長が、例の電話の件で、芦刈本部長に激しく叱責されたようだ。なにを下手なことをやっているんだ、って』」（講談社）。

原告は「当時原告が道警本部長であった芦刈勝治から叱責された事実は全くない」として「創作された、内容虚偽のいわゆる捏造記事である」と主張している。

③「名誉毀損による損害の賠償」の請求ではない。「精神的苦痛への慰謝料」を請求している。

この原告の主張が一部認められ、慰謝料の支払いが裁判所によって命じられると、裁判が「旬報社と講談社が出版した書籍の記述」を対象にしていたにもかかわらず「北海道新聞の記事が対象」であったかのような認識が広まった。さらに「北海道新聞の記事に捏造があった」という誤認が広まり、同新聞の裏金報道の信憑性に疑問があるかのように認識された。

スラップ訴訟の一義的な狙いは「裁判コストによって公的発言者（批判者）を疲弊させること」である。それを考えると、この提訴はさらに超えて「言論の信憑性にヒビを入れる」ことにまで成功した例といえる。

ここでの公的な意見表明は「記事や書籍を書いて刊行する」である。公的な論点は「警察が組織的に裏金をつくり、チェックを受けない支出をしていたのか」「していたとすると、その是非」だ。警察の予算が税金でまかなわれる以上、納税者すべての利益にかかわる。また警察が法律の執行を任務としている組織であることから、裏金の行使は横領や文書偽造といった違法行為の有無という重大な公的問題になる。

一方、裁判所で議論されたのは「書籍中４カ所の記述が事実だったのか」である。これも警察の裏金の有無、正当性という公共の論点には関係が薄い。当該４カ所の記述が事実でなかったと裁判所が判断しても、裏金の存在そのものを裁判所が否定したことにはならない。あるいは裏金を正当であると裁判所が是認したことにもならない。公共の問題との関係性は極めて薄い。

【キャノン御手洗会長事件】

提訴：２００７（平成19）年10月９日

裁判所：東京地裁

原告：企業としての「キャノン」と個人としての御手洗冨士夫会長の二者。御手洗は当時、日本経済団体連合会会長でもあった

被告：出版社「講談社」とフリーランス記者・斎藤貴男

訴訟物：名誉毀損による損害賠償。講談社と斎藤に１億円ずつの合計２億円。『週刊現代』と新聞５紙への謝罪広告の掲載

判決：２００８（平成20）年12月25日。講談社にキャノン、御手洗へのそれぞれ１００万円の支払

いを命じた。斎藤への請求は棄却。原告は平成21（２００９）年1月、東京高裁に控訴した。講談社側も控訴した

控訴審判決：東京高裁は２００９（平成21）年7月15日、東京地裁判決を取り消し、請求を棄却した。キヤノンと御手洗会長側の逆転敗訴。同年12月10日、最高裁が原告側の上告を退ける決定

この訴訟が耳目を集めた点は二つ。①原告はデジタルカメラやプリンターなどで世界的に有名なメーカー「キヤノン」と、その御手洗会長。御手洗は経団連会長と日本の財界の最高職にもあった。②請求が2億円と高額。

名誉毀損の争点になったのは、２００７年10月5日発売の『週刊現代』同10月20日号に掲載された、斎藤貴男記者執筆の「社史から『消えた』創業者とキヤノン御手洗会長とあの『７３１部隊』との関係」と題する記事。「御手洗冨士夫会長の叔父にあたるキヤノンの初代社長・御手洗毅（１９０１〜１９８４）が論文の指導を受けた京都帝国大學医学部の清野謙次教授は、旧満州で細菌・毒ガス兵器の開発のために人体実験を繰り広げた『七三一部隊』の石井四郎隊長の恩師でもあった」と記述する内容だった。この記事をキヤノン・御手洗側は「御手洗家・キヤノンと七三一部隊を結びつけ、社会的評価を低下させる」と主張した。

ここでの公的な意見表明は記事の執筆と刊行である。

公的な問題は、日本の財界を代表する経団連会長という公的性格の強い役職にあり、キャノンという影響力の大きい企業の会長の座にある人物の資質である。

ここでも、裁判所で議論されるのは「記事の記述が名誉を毀損するのかどうか」である。「731部隊と会長の関係」があったにせよなかったにせよ、会長の人間的資質には関係が薄い。したがって公的な問題と裁判所内の議論は関係が乏しい。

【読売新聞押し紙事件】

「押し紙」とは新聞社で印刷され、新聞販売店に届けられたまま、家庭に配布されない新聞のこと。新聞の発行部数は「その新聞の影響力の大きさの指標」であるだけでなく、掲載される広告の価格を決める指標にもなっている。「押し紙」は発行部数の「水増し」「偽装」を意味する。従来、新聞社は「押し紙は存在しない」という公式見解を崩さなかった。

元新聞業界紙記者でフリーランス記者の黒薮哲哉は「押し紙」は実在する、と新聞販売店への取材を元に自らのウエブサイト「新聞販売黒書」や著作で指摘した。その「押し紙」をめぐって読売新聞社が黒薮を著作権侵害や名誉毀損で複数提訴した。黒薮が記事で取り上げた新聞販売店経営者も提訴された。新聞やウエブサイトという媒体を持ち、言論を業とする新聞社が、自らに不利な言論に対抗するために、言論ではなく民事提訴を選んだところに特徴がある。

ⓐ黒薮がウエブサイトに掲載した社内文書を著作権侵害と提訴

提訴：２００８（平成20）年２月25日

裁判所：東京地裁

原告：江崎徹志・読売新聞西部本社法務室長（個人）

被告：フリーランス記者・黒薮哲哉

訴訟物：催告書の「新聞販売黒書」からの削除。１６０万円の損害賠償

同社法務室長が、販売店主代理人（別の訴訟を同社と係争中だった）の弁護士にあてた回答書が、黒薮のウエブサイトに掲載された。法務室長はそれを削除するよう要請する催告書を黒薮に送付した。黒薮はそれを再度ウエブサイトに掲載した。その「催告書」は個人の著作物だと主張して、著作権侵害を根拠に削除を求めて提訴

判決：

東京地裁／２００９（平成21）年３月30日。原告の請求を棄却

東京高裁／２００９（平成21）年９月16日。一審判決を支持して原告の請求を棄却

ⓑ「チラシの抜き取りは窃盗行為」という表現は虚偽・名誉毀損だと提訴
提訴：平成20（２００８）年３月11日
裁判所：さいたま地裁
原告：読売新聞西部本社と江崎徹志・読売新聞西部本社法務室長ら社員３人
被告：フリーランス記者・黒藪哲哉
訴訟物：記事の削除と２２３０万円の損害賠償
福岡県久留米市にある新聞販売店を上記３人が訪問し、取引の停止を通告したうえ、店主の許可なく新聞折込チラシ（新聞販売店の収入になる）を持ち帰った、と黒藪は自らのウエブサイトで報じ「窃盗行為」「刑事告訴もできる」と記述した。読売新聞側はこの記事は虚偽であり、名誉毀損だと提訴
判決：
　さいたま地裁／２００９（平成21）年10月16日。原告の請求を棄却
　東京高裁／２０１０（平成22）年４月27日。一審支持
　最高裁／２０１２（平成24）年３月23日。原判決を破棄。高裁に差し戻す
　東京高裁差し戻し審／２０１２（平成24）年８月29日。読売新聞西部本社などに４４０万円の損害賠償を支払うよう黒藪に命じた

ⓒ黒薮が『週刊新潮』に執筆した記事を読売新聞社が名誉毀損で提訴

提訴：2009（平成21）年7月8日

裁判所：東京地裁

原告：読売新聞東京・大阪・西部本社

被告：新潮社とフリーランス記者・黒薮哲哉

訴訟物：5520万円の損害賠償。謝罪広告の掲載

『週刊新潮』2009年6月11日号に掲載された黒薮執筆の記事「新聞業界最大のタブー　押し紙を斬る！　ひた隠しにされた部数水増し衝撃の調査データ　読売18％、朝日30％、毎日57％が配られずに棄てられていた」が同社の名誉を毀損する、と主張して発行元の新潮社と黒薮を提訴した

判決：

東京地裁／2011（平成23）年5月26日　弁護士費用を含め385万円を支払うよう命じた

新潮社・黒薮が控訴

東京高裁／2012（平成24）年2月28日　控訴棄却

2008年11月19日、黒薮らは読売新聞や法務室長を相手取って「報道を威圧する目的で訴訟を起

こした」と5629万円の損害賠償を求めて反訴した。2012年7月19日、福岡地裁は訴えを棄却した。2013年3月15日、福岡高裁も原告の訴えを棄却

意見の公的表明は記事の執筆とウエブサイトや週刊誌での出版である。

ここでの公的問題は「新聞社が公表する発行部数は正確なのか」「その部数の集計方法は公開され誰にでも検証できるものか（透明性）」「その集計方法は公正なのか」である。これは「新聞社が企業として社会に誠実であるかどうか」という倫理性・道徳性だけの問題ではない。発行部数は新聞社の影響力を示す指標である。また広告主にとっては広告掲載の価格を決める材料になる。

ここでも法廷で議論された論点は、公共の問題とは関係が薄い。記者の記事や記述が名誉毀損、あるいは著作権の侵害だと裁判所が判決を下しても、それが新聞社の発行部数の透明性や公正さ、誠実さを認定したことにはならない。論点がまったく違うからである。よって裁判所で議論される内容は公共の利益とは関係が乏しい。

【安倍晋三秘書・山田厚史朝日新聞編集委員事件】

提訴：2007（平成19）年5月17日

裁判所：東京地裁

原告：安倍晋三（当時は総理大臣）事務所の公設秘書3人
被告：山田厚史（朝日新聞社編集委員。経済担当）
訴訟物：名誉毀損の損害賠償。謝罪広告の掲載、金額1人あたり1100万円。合計3300万円
2008（平成20）年2月21日　東京地裁で和解成立。山田は「発言中に、原告らが誤解するような表現があったとすれば」との条件付の遺憾の意を表明し、安倍事務所は訴訟を取り下げた

テレビ朝日「サンデープロジェクト」に出演した山田の、短い発言に訴訟が起こされた。

「日興コーディアル證券が、ホリエモンの事件などくらべものにならないぐらい悪質な粉飾決算をおこないましてそれが会社のなかの委員会でも、組織的なことだということになりました。当然、証券会社というものが、これだけ多額の粉飾決算を行ったら、上場廃止だろうというのが、一般的な見解なのですが、なぜか上場廃止にならない——。このことをめぐって私だけでなくて、番組に参加したメンバーで話し合いました。そのなかで、政治とのつながりとか、検察のおかしなやり方など、いろんな話が出たなかで『日興證券には安倍事務所に強い常務がおられて、その人が将来社長だなんていう噂がありますよ』という、全部で5秒、前後入れても30秒ほどの発言をしたのです」（『ジャーナリストが危ない』〔花伝社、2008年〕21頁）。

テレビ番組での発言が公的な意見表明にあたる。

ここでの公的な問題は、総理大臣である安倍晋三の秘書の活動の内容やその透明性、公平性、公正性である。総理大臣という最高の権力者が公人であることは議論の余地がない。その元で動く事務所秘書の行動は公的な問題になる。

裁判所内で議論されるのは「当該のテレビでの30秒ほどの発言が名誉を毀損するかどうか」である。たとえ判決が「名誉を毀損する」と認定しても、安倍の秘書の行動の透明性、公平性、公正性が是認されるわけではない。よって公共の問題とは関係が薄い。

【クリスタル・週刊東洋経済事件】

提訴：2003（平成15）年8月7日
裁判所：東京地裁
原告：クリスタル社と関連企業など合計8社
被告：東洋経済新報社
訴訟物：名誉毀損の損害賠償合計約10億円
判決：東京地裁／2006（平成18）年4月25日
①クリスタル社に300万円を支払うよう東洋経済新報社に命じた
②記事取り消しの広告を東洋経済に掲載するよう命じた

2007（平成19）年2月2日　東京高裁でクリスタル社が訴訟を取り下げた

クリスタル社は業務請負会社であり、そのほか原告のグループ企業は業務請負と人材派遣を業務にしている。東洋経済新報社が発行する経済誌『週刊東洋経済』2003年2月8日号が掲載した特集「異形の帝国　クリスタルの実像」、と同2003年6月14日号に掲載した特集「異形の帝国　クリスタル続報　社員を捨てるリストラ日本の闇」について、クリスタル社とグループ企業など合計8社が約10億円の損害賠償と謝罪・記事の取り消し広告の掲載を求めた。

争点になった43カ所の記述のうち、3カ所にのみに東京地裁は「裏付けが不十分」と判断した。

記事の執筆と出版が公的な意見表明にあたる。

公共の問題は「人材派遣業者の経営内容の是非」である。終身雇用制が崩壊したあとの新しい雇用形態の担い手として、人材派遣業者は大きな役割をしている。その経営内容が社会倫理に反していないかどうかは公共の大きな論点である。

判決が「日本の記事がクリスタル社の名誉を毀損している」と認定したとしても、同社の経営方針や雇用における慣行を裁判所が是認していることにならない。公共の論点との関係は薄い。

【毎日新聞・サーベラス事件】

提訴：２００６（平成18）年1月19日
裁判所：アメリカ・ニューヨーク連邦裁判所
原告：サーベラス・キャピタル・マネージメント社とサーベラス・アジア・キャピタル・マネージメント社
被告：毎日新聞社
訴訟物：損害賠償、合計約1億ドル。当時のレートで約１１５億６０００万円
２００６（平成18）年12月４日、和解が成立。訴訟取り下げで合意

サーベラス社は経営再建中の企業を中心に投資するファンドで、西武グループへの出資など対日投資に積極的なファンドとして知られる。あおぞら銀行や国際興業の再建にも参加した。２００６年１月12日付け朝刊で、毎日新聞は「サーベラス社系列の不動産会社が行った東京都港区南青山の一等地の地上げに、山口組系暴力団と親しい関係者が関与していた」と報じた。同社は「悪意を持って、ヤクザ構成員と癒着していると批判している」「極めて侮辱的な地上げという言葉によって、同社の名誉が著しく傷つけられた」と提訴した。

和解内容は、①原告であるサーベラス側は、記事で触れられた土地取引の詳細について、関知せず、不適切な行為にはかかわっていなかったとの主張を毎日新聞社は理解する、②毎日新聞社がこうした

理解をしたことにかんがみ、サーベラスは、訴訟を取り下げ、同記事について更なる訴えを起こさない、③この訴訟に関し、サーベラス、毎日新聞社の双方において、一切の金銭のやり取りは伴わない（産経新聞2006年1月20日夕刊、毎日新聞2006年12月5日朝刊など）。

記事の執筆と出版が公的な意見表明にあたる。

ここでの公的な問題はサーベラス社に限らず、日本で開発行為を担う企業の倫理性や透明性である。しかし、裁判所で議論されるのは「毎日新聞の記事が同社の名誉を毀損するかどうか」である。「名誉を毀損する」と判決が認めても、開発会社の倫理性や透明性を是認したことにはならない。

115億円という請求額は非現実的である。また提訴地が読者がいる日本ではなくニューヨークであることも、裁判所で争う公益を減じている。ニューヨークで法廷が開かれても、大半の日本の市民はその議論の内容を知ることができない。

【JR総連・JR東日本労組事件】

提訴：2006（平成18）年8月〜翌年5月

裁判所：全国25都道府県の地裁

原告：JR総連・JR東日本の地域責任者など。総計50件提訴。

被告：フリーランス記者・西岡研介と講談社
請求物：名誉毀損の損害賠償

西岡は『噂の真相』『週刊文春』などで政治家や高級官僚、大手労組のスキャンダルを暴露してきた調査報道記者として知られていた。『週刊現代』（講談社）誌上で２００６年７月から翌年１月まで、ＪＲの労使問題について記事を24回連載。その連載をまとめた『マングローブ――テロリストに乗っ取られたＪＲ東日本の真実』を２００７年６月に講談社から出版した。「労働組合の資金が流用され、過激派組織に流れたのではないか」「元幹部のハワイの別荘購入などに私的に使われたのではないか」と指摘した。

西岡らに起こされた50件の訴訟のうち、西岡が記事で触れたのは３人の個人とＪＲ総連・ＪＲ東日本の２団体でしかない。残り47人の原告は記事に登場しない。北海道から山口県まで、ＪＲ西日本、ＪＲ北海道、ＪＲ東海、ＪＲ貨物などの労組組合員がそれぞれの地元地裁に提訴した。

記事の執筆と刊行が意見の公的表明にあたる。

ここでの公的な問題は労働組合の倫理性や透明性である。特にＪＲ東日本という東京の公共交通の動脈を担う企業の労働組合の運営、予算執行の倫理性・透明性は大きな公共の利益にあたる。

一方、裁判所で議論されるのは「当該の記事がＪＲ東日本労組や関係者の名誉を毀損するかどうか」

であって、その運営の倫理性や透明性ではない。裁判所で争う論点は公共の問題や利益に関係が薄い。

【特別養護老人ホーム「ルミエール」事件】

提訴：２００４（平成16）年10月１日

裁判所：札幌地裁

原告：社会福祉法人「公和会」（長沼政幸理事長）

被告：職員２人、札幌地域労組、北海道新聞社など

訴訟物：慰謝料、１５００万円

判決：

札幌地裁／２００７（平成19）年６月11日。原告の請求を棄却。同会が控訴

札幌高裁／２００８（平成20）年５月16日。原告の控訴棄却。同会が上告

最高裁／２００９（平成21）年７月17日。上告を不受理。名誉毀損部分について勝訴が確定

社会福祉法人「公和会」が札幌市で運営する特別養護老人ホーム「ルミエール」で入所者の高齢者への虐待が発生していると、２職員が内部告発した。札幌市は２００４年12月20日、同会に処遇見直しなど改善命令を出した。同会は内部告発した職員２人、職員が参加する労働組合と担当者、記事を

報道した北海道新聞社と担当記者らを相手取って１５００万円の慰謝料の支払いと謝罪広告を求めて札幌地裁に提訴した。

最高裁は職員が「（スラップ）提訴を含むいやがらせを受けた」と同会に２００万円の慰謝料を求めた訴訟について「提訴が不法とはいえない」と、札幌高裁判決（２００万円の慰謝料支払いを命じた）を破棄。高裁に審理のやり直しを命じた。２０１０年5月25日、札幌高裁は「提訴そのものが不法」部分を否定し、慰謝料を１６０万円に減額する判決を言い渡した。「提訴そのものを不法行為」とすることに最高裁をはじめ日本の裁判所が否定的であることがわかる。「提訴する権利」は憲法で保障された「裁判を受ける権利」だからである。

労働組合に参加すること。関係官庁に内部告発すること。報道の取材に協力することなどが公的意見表明である。

特別養護老人ホームの運営は税金からの資金が投入される。

また誰もが高齢化すればその入居者になりうる。よってその運営の倫理性や透明性は公共の問題になる。

ここでも公共の論点は「老人ホームで虐待があったのか」「あったなら、それは是正されたのか」「再発防止にどのような対策がとられたのか」「ほかの施設に類例はないのか」である。

裁判で議論されるのは「職員の告発や報道の文言が名誉毀損に当たるのか」であって「虐待の有無」

「是正措置の有無」「類例の有無」といった公共の問題には関係が薄い。

【ルーシー・ブラックマン本事件】

提訴：2007（平成19）年5月10日

裁判所：東京地裁

原告：織原城二。失踪し切断された死体で見つかった英国人女性ルーシー・ブラックマンの準婦女暴行致死容疑など9人への準強姦や強制わいせつ罪で起訴されたが、ルーシー事件では無罪判決を受けた。別の女性への準強姦罪・強制わいせつなどで無期懲役が確定

被告：松垣透・産経新聞社夕刊フジ報道部記者。『ルーシー事件　闇を食う人びと』の筆者。出版元「彩流社」

訴訟物：名誉毀損の損害賠償、金額2億円。出版の差し止め

判決：2007（平成19）年12月17日。原告の請求を棄却（確定）

筆者は織原被告の裁判を傍聴した記録として同著を2007年4月24日に出版した。その直前の4月19日、織原被告はルーシー事件で東京地裁で無罪判決を受けた。その後、提訴。264頁の同著書中33カ所の記述について「虚偽」と主張した。松垣は産経新聞社の社員記者だが、当該の本の取材は

社命ではなく個人の自発的な取材として行った。

書籍の執筆と刊行が公的な意見表明にあたる。

こうした犯罪の事実を記事化する公共の利益は「教訓の学習」である。ひとつは「再発の防止にはどうすればよいのか」。「どうすれば被害に遭わずに済むか」だけではなく「どうすればそのような加害者にならないのか」も含まれる。そうした危険を社会に「警告」することは公共の利益にかなう。

裁判所で議論される論点は「書籍の文言33カ所が名誉毀損にあたるかどうか」だ。公共の利益とは関係が薄い。


【UNIQLO事件】

提訴：2011（平成23）年6月3日
裁判所：東京地裁
原告：ファーストリテイリング社とユニクロ社（柳井正代表取締役会長兼社長）
被告：文藝春秋社
訴訟物：名誉毀損の損害賠償、金額1億1000万円円。出版の差し止め
判決：2013（平成25）年10月18日。原告の請求を棄却。原告側が東京高裁へ控訴。2014年3月26日、高裁は控訴を棄却

フリー記者の横田増生が『週刊文春』に連載し同社から単行本として出版した『ユニクロ帝国の光と影』が「『ユニクロ』ブランドのブランド価値を貶め」「中国の生産工場や（原告らの）店舗営業において、非人間的で長時間過重労働を強いる、全時代的で野蛮な、そして働く者の苦しみの上に暴利を貪っている会社であるとする否定的な評価を醸造した」と主張して提訴。取材・執筆者である横田を提訴せず、出版社である文藝春秋社だけを被告としたところに特徴がある。

記事の刊行が意見の公的表明にあたる。

公共の問題は「企業が社会に対して道徳・倫理的に正当な活動をしているかどうか」である。「ユニクロ」は日本だけでなく世界的に著名な企業であり、その企業活動への評価が日本の国全体の評価にもつながりうる。

裁判所で議論されるのは「当該の書籍の文言が名誉毀損に当たるかどうか」である。判決が名誉毀損を認めても、ユニクロの企業活動の倫理・道徳性を裁判所が是認するわけではない。裁判所内の議論は公共の問題とは関係が乏しい。

消費者情報へのスラップ訴訟

【マグローブ・水商売ウオッチング事件】

提訴：２００７（平成19）年６月７日
裁判所：神戸地裁
原告：「マグローブ」社（吉岡英介社長）
被告：お茶ノ水女子大学
訴訟物：記事の削除と１７０万円
判決：２００９（平成21）年２月26日。原告の請求棄却

争点になったサイト「水商売ウオッチング」は「健康増進に効果がある」とうたう飲用水の宣伝・広告を検証していたサイト。筆者の天羽《あもう》優子は分子の力学的運動など「液体の化学物理」が専門の研究者で、当時お茶の水女子大学助手（現在は山形大学理学部准教授）だった。マグローブ社は、磁気活水機「マグローブ」を製造・販売する神戸市の会社。同サイトの同社や社長の記述が名誉毀損だと主張。特徴は、天羽ではなく、同サイトのデータがあるサーバーを所有・管理していたお茶の水女子大学を被告に提訴したことだった。天羽は「大学が勝手に削除に応じないようにさせるため」訴訟に利害関係人として自主的に参加した。

公的な意見の表明は、ウエブサイトに記事を執筆・公開することである。

公共の論点は「当該の商品は料金に値する価値があるのか」という「消費者が消費行動を決定するための判断材料の提供」である。情報を得た上で「価値がある」と消費者が判断すれば購入する。「ない」と判断すれば購入しない。消費者に必要な情報を知らせ、その判断にゆだねることが公共の利益にかなう。

この訴訟は、意見の発言者を被告としないで提訴されたことに特徴がある。その代わり言論内容の「保管先」「公開元」であるサーバーの管理者（大学）を提訴した。サーバー管理者が発言の削除や閉鎖に応じた場合、発言者の不利益になる。また大学は発言者の雇用主でもあった。

効能の有無について多様な意見を消費者が知ることが、公共の利益である。研究者の立場からの商品広告への見解を知ることも、そこに含まれる。

しかし裁判所で議論されるのは「ウエブサイトの表現が名誉毀損かどうか」であって、公共の利益との関係は薄い。むしろ商品についての意見の多様性を狭めてしまう。また名誉毀損であると裁判所が認めても、商品の効能を裁判所が是認したことにもならない。

学術論文をめぐるスラップ訴訟

【松井三郎・中西準子事件】

提訴：2005（平成17）年3月15日
裁判所：横浜地裁
原告：松井三郎・京都大地球環境学大学院教授
被告：中西準子・独立行政法人産業技術総合研究所化学物質リスク管理研究センター所長
訴訟物：慰謝料など330万円。「中西準子のホームページ」への謝罪文の掲載。日本内分泌撹乱化学物質学会のニュースレターへの謝罪広告の掲載
判決：2007（平成19）年3月30日。原告側の請求は棄却

松井氏は、2004年12月に名古屋市で開かれた環境省主催の「第7回内分泌撹乱化学物質問題に関する国際シンポジウム」の第6セッション「リスクコミュニケーション」の座長。ここでパネリストとして行った意見発表の内容を、中西氏が自分のホームページで批判した。その同年12月24日付『環境省のシンポジウムを終わって――リスクコミュニケーションにおける研究者の役割と責任――』」の記事内容が、松井氏の名誉を毀損するとして提訴した。中西氏は記事を削除したが、松井氏は「名誉回復がなされていない」と主張した。

ウエブサイトでの執筆と公開が意見の公的表明に該当する。

ここでの公的な論点は「中西・松井氏の学問上の主張の当否」である。特に①「環境省主催のシ

ンポジウム」という税金の執行を受けた議論の場所での発言である②内分泌撹乱化学物質という社会的関心の高い分野であることが議論の公共性を高めている。

裁判所が中西氏のウエブサイトでの記述を名誉毀損であると認めても、松井氏の学問的な主張の内容を是認したことにはならない。学問的な論争の内容と、裁判の議論とは関係が薄い。

【APF・昭和HD・野中郁江事件】

提訴：2012（平成24）年7月18日

裁判所：東京地裁

原告：此下竜矢、此下益司、重田衛

被告：野中郁江・明治大学商学部教授（経営分析論）

訴訟物：名誉毀損による損害賠償、金額5500万円

2013（平成25）年3月15日、野中は提訴を不法として原告3人を相手取り1550万円の損害賠償を求めて反訴の提起。

一審判決：2014年5月19日。東京地裁。双方の訴えを棄却

二審判決：2014年11月12日。東京高裁。双方の訴えを棄却

最高裁に上告中

旧「昭和ゴム」（千葉県柏市）は明治製菓の子会社として1937年に創立された。東南アジアでのゴム栽培から製品の製造・販売までを一貫して行う企業だった。化学工業プラントのタンクの腐食を防ぐために内側に張るゴムライニング（裏張り）が製品売上の半分以上を占める。軟式テニスの公式ボールや哺乳瓶の乳首も製品のひとつだ。しかし経営難から2000年、明治製菓は会社を海外のファンドに身売りした。APF（アジア・パートナーシップ・ファンド）はバンコクに本社を置くファンド。1981年に事業を開始、2008年7月から同社の経営を握った。2009年「昭和ゴム」は持株会社「昭和ホールディングス」に社名変更され、事業部門は分割され子会社化された（昭和ゴムの社名はその分割後の子会社として残っている）。

原告の3人は昭和HDの役員。此下竜矢は旧「昭和ゴム」＝昭和HDのCEO。此下益司はその実兄で、昭和HDの社外取締役会長であり、APFのファンドマネージャー。重田は昭和HDの社長。3人は個人として提訴しており、企業としての昭和HDは訴訟に加わっていない。

3人側からの訴えの対象になったのは、野中教授が執筆したA、B2つの文章。被告は野中教授だけで、雑誌の出版社や労働組合は被告になっていない。

（A）論文：2011年5月8日発売の月刊誌『経済』に掲載された論文「不公正ファイナンスと昭

和ゴム事件　問われる証券市場規制の機能まひ」

「昭和ゴム事件とはファンド経営者のものとで、ＡＰＦへ33億円余の資金が流出し、資金繰りが困難になり、経営破綻の可能性もあるなかで、工場の土地売却にまで進みかねないという問題である」「流出しているのは増資資金14億４５００万円だけでない。ＡＰＦへの貸付は合計33億３千万円にのぼる（中略）。増資資金14億４５００万円が架空増資であるならば、これを含めて33億３千万円は不正融資であり、ファンド経営者の特別背任の疑いが濃厚である」など5カ所の記述。

（Ｂ）鑑定意見書：全労連・全国一般労働組合東京地方本部が東京労働委員会に申し立てた不当労働行為救済命令申し立てに、野中教授が執筆・提出した２０１１年11月16日付鑑定意見書「アジア・パートナーシップ・ファンド（ＡＰＦ）がもたらした昭和ゴムの経営困難について」の中の２カ所の記述。

例「プロミサリーノートの債務者であるAPF International, PAF management からではなく、ＡＰＦファンド代表の此下益司氏の個人資産管理会社であるAPF Group Co（ヴァージン諸島所在）に対する質権執行として、ＡＰＦホールディングスおよび明日香野ホールディングス（いずれも此下益司氏１００％株式保有）が保有する株式で『返済』されたことは、13億円もの巨額な融資がＡＰＦ経営者である此下益司氏個人に貸し付けられていたことを一層明らかにした」

など（以上は訴状による）。

この裁判では「論文の執筆と刊行」「鑑定意見書の執筆と提出」が公的な意見表明にあたる。

この公的言論が提起している論点は「ファンドによって企業が買収された後の経営の是非」あるいはより広く「企業経営の是非」そのものである。それは「APFによって買収された昭和ゴム」という一社だけの議論ではない。企業買収が日常化している日本経済において、その経営の適法性、公正性、透明性などの精査は、事例として広く社会が共有すべき、つまり公的な利益のある知見である。野中教授による問題提起と、それへの反論も、社会が共有する利益がある。

しかし、これが民事訴訟として法廷に持ち込まれると、前記の論文の鑑定書の文章計7カ所が「名誉毀損にあたるのかどうか」という法廷内の別の論点に変わってしまう。これは公的に議論されるはずだった公的な論点の「すり替え」「矮小化」である。

また、裁判所が判決で「争点になっている文章表現は名誉毀損である」と認定しても、それは原告の経営内容を裁判所が是認したことにはならない。逆に「名誉毀損ではない」と判決を出しても、経営内容を否定したことにもならない。

よって、この裁判は争う公的な利益がない。裁判所という公的なシステムの浪費である。

ブログを対象にしたスラップ訴訟

【DHC・澤藤統一郎弁護士事件】

提訴：2014（平成26）年4月16日

裁判所：東京地裁

原告：吉田嘉明、株式会社ディーエイチシー

被告：澤藤統一郎（弁護士）

訴訟物：名誉毀損による損害賠償、金額、当初2170万円。提訴後にブログに掲載された記事に対する提訴を追加し（同年8月）6000万円に増額

「ディーエイチシー」社は化粧品の製造販売を目的にする資本金33億7729万円の企業。澤藤弁護士は日本弁護士連合会の消費者問題対策委員長や東京弁護士会の消費者委員長を勤めた経歴がある。

訴えの対象になったのは、澤藤弁護士が執筆する個人ブログ「澤藤統一郎の憲法日記」の2014年3月31日、同4月2日、同8日付の記述（後に7月13日、8月8日付けが追加）。澤藤氏によると「ブログで触れた以外には吉田氏やDHC社との接点はまったくない」。

その直前の2014年3月26日発売の『週刊新潮』で、吉田は「みんなの党」代表だった渡辺喜美・衆議院議員に8億円を貸し付けた事実を明らかにした。渡辺は4月7日、党代表を辞任。同年11月「みんなの党」は解党し、渡辺も2014年12月の総選挙で落選した。澤藤のブログ記事執筆には、こうした動きが背景にある。

名誉毀損の争点になっている記述は16カ所。「『DHC・渡辺喜美』問題も同様だ。吉田嘉明なる男は、週刊新潮に得々と手記を書いているが、要するに自分の儲けのために、尻尾を振ってくれる矜持のない政治家を金で買ったのだ。ところが、せっかく餌をやったのに、自分の意のままにならないから切って捨てることにした。渡辺喜美のみっともなさもこの上ないが、DHC側のあくどさも相当なもの。両者への批判が必要だ」（訴えの追加的変更申立書・別紙1①）

吉田が澤藤弁護士を名誉毀損で提訴したことを伝えるブログ記事「いけません口封じ目的の濫訴」（7月13日付）も5カ所が追加提訴されている。

「ブログを書いて誰もが読める状態にすること」が公的な意見の表明にあたる。

公的意見が提起している論点は「選挙で選ばれた公職者である議員への資金提供の是非」である。議員が政治活動の資金を提供した特定の企業や利益団体を偏って図らないように、その金銭の出入には厳しい透明性や公開性が義務付けられている。社会が議論すべき公的論点は、こうした「議員の活動資金のあり方とその是非」である。「ＤＨＣ社と渡辺喜美」はその一事例にすぎない。

しかし、この裁判で争点になっているのは「ブログの16カ所の記述が名誉毀損かどうか」である。「議員の政治資金のあり方の是非」という公的論点が裁判所内の瑣末な論点にすり替えられている。

判決が「名誉毀損である」と認めても「ＤＨＣと渡辺喜美の資金提供の関係のあり方」を裁判所が是認したことにはならない。また名誉毀損ではないと認定しても、ＤＨＣと渡辺喜美の資金提供のあり方を否定したことにもならない。まして、議員の政治資金のあり方の是非という公的利益にかかわる論点にはまったく関係がない。裁判そのものが公益とは関係がない。争うことに公益がない。よって裁判所という公的資源の浪費である。

第5章　アメリカでのスラップ被害防止法の歴史と背景

スラップ被害防止法はいかにして生れたか

二人の研究者の出会いが出発点

「スラップ」という法概念が生まれたのは、１９８０年代後半のアメリカだ。始まりは二人の学者による共同研究である。この研究が「ＳＬＡＰＰ」という概念をつくり、それが始まりになって一州一州とスラップ被害防止法の制定が広がっていった。その成果が本になっている。"SLAPPs: Getting Sued for Speaking Out" という。日本でも、１９９６年のテンプル大学出版会（Temple University Press）版がアマゾンで入手できた。この本がスラップの概念を定義し、事例を紹介して社会問題として提示した。筆者は法学者のジョージ・W・プリング〔George W. Pring〔1942〜〕〕と社会学者のペネロペ・キャナン〔Penelope Canan〔1946〜〕〕の二人である。筆者〔鳥賀陽〕はアメリカに二人を訪ねて話を聞いた。

研究の始まりは1983年、コロラド州デンバー大学で、二人が出会ったことだった。ハワイ大学から転任してきた社会学者のキャナンと、弁護士から研究者に転じた法学者プリングだった。ロッキー山脈の豊かな自然を擁するコロラド州は、1970年前後から環境保護運動が盛んだ。デンバー大も環境問題を主要な研究分野にしている。法学と社会学と分野は違うが、二人はともに環境問題を専門に研究をしていた。二人は、ランチの席で同僚からお互いを紹介された。

プリングとキャナンは、初対面の会話の中で、偶然よく似た事件が身近で起きていることに気づいた。「ある人が、自然保護の観点から開発工事に反対したところ、その開発会社から訴訟を起こされ、弁護士費用そのほかの負担で苦しめられた」。

そんな話だった。二人の会話ですぐに似た話が出てくるということは、他にも同じような訴訟はたくさん起きているのではないか。二人はそう考え、共同研究を始めることにした。この共同研究は社会学部とロースクールの〝the Political Litigation Project〟へと発展した。「裁判制度を政略的に利用する現象の研究」といった意味である。二人は「開発を進めるという経済的利益のために裁判制度が利用されているのではないか」と考えた。

最初、研究グループの中では仮の名前として"Intimidation Lawsuit"（恫喝訴訟）"Political Intimidation Lawsuit"（恫喝目的の政治的な訴訟）といった単刀直入な名前で呼ばれていた。しかし、これでは「言論の自由を妨害する」という意味が含まれない。また長すぎて使いにくい。一般の人には覚えづらい。

スラップ＝ＳＬＡＰＰという言葉はキャナンの造語だ。どういう名前にすればよいか、共同研究のスタッフとして働いていた大学院生から名前を募り、投票で決めることにした。結局、キャナン教授のアイディアだった「ＳＬＡＰＰ」が一位になった。Strategic Lawsuit Against Public Participation と単語を並べて、頭文字を取った。「社会参加を妨害する目的の訴訟」という意味だ。Public

スラップという概念を考案した法学者、ジョージ・プリング教授（デンバー大学）

社会学者、ペネロペ・キャナン教授（中央フロリダ大学）

participation は「市民が社会全体の利益や関心のある活動に参加する行為」という意味だ。strategic は「訴訟そのもので勝つことが目的ではなく、別の目的がある訴訟」という意味をふくんでいる。

が、意味よりはむしろ「スラップ」という「音」のおもしろさがよかった、とキャナン教授は振り返る。スラップはＳＬＡＰ（平手打ちする）という動詞とまったく同じ発音だったからだ。日本語で言うなら、語呂合わせ、洒落のような発想だ。「ビンタを浴びせる」という攻撃的なニュアンスが、実際の訴訟の様子にぴったりだった。名前をスラップにしたことで、予想しなかった効果が生まれた。マスメディアが飛びついた。全米で似た訴訟が起きるたびに、新聞やテレビ、雑誌から問い合わせ取材が入った。それは「ＳＬＡＰＰ」と言うのです、と説明すると「ＳＬＡＰＰ」（平手打ち）という言葉が見出しに踊った。名前そのものが絶好のキャッチコピーになったのだ。

膨大な判例データベースからスラップ裁判例を探す

共同研究でもっとも難しかったのは、判例を集めることだった。そもそも「スラップ」という概念がないのだから、判例に「スラップ」という分類項目はない。たとえスラップに該当しても、それぞれはあくまで正当な訴訟という建前になっている。「これはスラップです」とは書いていない。

結局、一つひとつ裁判記録に目を通すという地道な作業を続けるしかなかった。それも、インターネットはおろかオンライン化された判例データベースもまだ完備してないころだ。キャナン教授は４

つのソースをさかのぼった。デジタル・アナログ両方の判例レポートのキーワード検索。絨毯爆撃のように、975の社会運動団体へ郵便を送って問い合わせた。ボストン、ミシガン、シアトルなど全米の裁判所を訪ね、事務用の判例データベースをプリントアウトした。コンピューター化されていない裁判所では、資料室のはしごを登ったり降りたりの作業が続いた。数百という判例に目を通して、スラップは一つ見つかるかどうかという地道な作業だった。その結果、100のスラップ裁判例が集まった。そうやって論文を発表すると、それを読んだ弁護士や団体、記者から「これはスラップなのではないか」という問い合わせが来た。それも判例集めに役立った。

「どんな訴訟も正当な訴訟の体裁をとっています。ですからスラップを探すのは非常に大変でした。来る日も来る日も、何百という判例を調べ続けました」

そうやって100サンプルを抽出したあと「提訴者（両教授は plaintiff＝原告ではなく filer＝提訴者と呼ぶ）」「ターゲット（target〔defendent＝被告のこと〕）」「係争地」「請求金額」「請求理由」「係争期間」「弁護士料」など裁判の「政治要素」「経済要素」「社会要素」を取り出して数値化し、統計にまとめた。

すると、スラップの様々な特徴が浮かび上がってきた。

請求金額は平均910万ドル。裁判にかかった期間は平均48カ月。開発行為をめぐって起きる「不動産スラップ」のほかに「エコスラップ」（環境保護）「学校スラップ」（教育）「ポリススラップ」（警察）など、スラップが集中して発生する分野があること。

「非都市部より比較的都市部で発生する」。

「地価の高いところで発生する」。

「提訴者は市民の権利より金銭を優先する」。

その後四半世紀経っても被害を起こしている「論点のすりかえ」「論点の矮小化」「事実争いの底なし沼」（第2章で前述）といったスラップの特徴は、この初期のリサーチですでに浮かび上がっていた。

こうした調査の結果を、両教授は法学や社会学の学術誌に発表していった。次第に「スラップ」という概念が弁護士や法学者といった法律の専門家の間に浸透していった。環境保護団体や人権保護団体など、スラップの標的にされる「常連」も注目した。法律をつくる立場の州議会議員や議会スタッフ（アメリカでは民事裁判のルールを決める民事訴訟法は州法。州ごとに違う。州議会に立法権がある）からの反響も続いた。

「民事提訴によって裁判コストの苦痛を与えることで、意見表明を妨害する」という「概念」「コンセプト」「定義」ができ「スラップ」という言葉がついたことは大きかった。それまでスラップで苦しめられ「何かおかしい」と思いながら、それが「自由や権利の侵害」という認識を持たなかった被害者たちが「そうか、これは言論の自由の侵害なのだ」と理解した。反論の根拠を持たなかった人たちが反論の論拠を得た。また、警察、教育、開発、環境保護など様々な分野でばらばらだった被害者が「スラップの被害者」という横のつながりの意識を持った。連絡をとり始めた。

マーク・ゴールドウィッツ弁護士

そんな「スラップ」についての学術誌を手にした中に、カルフォルニア州サンフランシスコ近郊のバークレーで開業していたマーク・ゴールドウィッツ弁護士がいた。同州出身のゴールドウィッツ氏は、東海岸ボストンのハーバード大学ロースクールを出たあと、カルフォルニアに戻り、賃貸住宅での低所得入居者の権利を守る弁護士活動をしていた。

カルフォルニア州バークレーでスラップ専門事務所を開業するマーク・ゴールドウィッツ弁護士

ゴールドウィッツ弁護士はプリング＝キャナン両教授の論文をむさぼるように読んだ。かつて自分も、入居者の代理人として裁判を手がけるうちに、裁判相手の家主から名誉毀損で裁判を仕掛けられたことがあった。

「これは訴訟の名を借りた恫喝ではないのか」。その時に感じた疑問への答えが、スラップという言葉ですべて説明されていた。ゴールドウィッツ弁護士はすぐにコロラド州デンバーにいたプリング＝キャナン両教授に連絡をとった。そしてカルフォルニア州にもスラップ被害を防止する法律“Anti SLAPP Law”（反スラップ法）をつくるべく、弁護士仲間や州議会の関係者、記者に連絡を取り始めた。1990年のことだ。

カルフォルニア州議会での法案の審議はすんなりとは行かなかった。訴訟によって住民の反対運動を封じ込めようとしていた不動産業界やリゾート開発業界は、スラップ被害防止法案に反対してロビー活動を展開した。商工会議所も反対に回った。法案は2回廃案になった。一度は議会が承認した議案を知事が拒否権で葬り去った。

カルフォルニア州のスラップ被害防止法を起草したジーン・ウオン弁護士

州議会の中にも、過去にスラップ被害に遭った議員がいて、法案を強く推した。言論の自由の保護を求める新聞・テレビなどの業界団体も賛成に回った。地元新聞が社説で法案賛成を次々に表明した。可決・施行されたのは1992年のことだ。

当初、法案に反対した人々の根拠も「憲法で保障された裁判を受ける権利＝提訴する権利を侵害する」だった。この論点はどのように解決されたのだろうか。当時、州議会のスタッフとしてスラップ被害防止法の条文を起草したジーン・ウオン弁護士に聞いてみたところ、単純で明解な答えが返ってきた。

「もちろん、誰にでも裁判を起こす権利があります。しかし、裁判制度を悪用する権利は誰にもありません」。

アメリカ各州のスラップ被害防止法

アメリカは州によって民事訴訟法が違う。スラップ被害を防止する法律も、州ごとに州議会が決めていく。

2013年現在、アメリカ50州のうち28州と、首都ワシントンDC、グアムでスラップ被害を防止する法整備がなされている。多くは明文法だ。少数だが、判例で対応している州や、裁判所の手続き規則で対応している州もある。

判例（裁判官の判断＝判決）が法律として機能する英米法の国であるアメリカで、多くの州で反スラップ法が明文法化されていることは注目に値する。これは、裁判官の判断である判決によってスラップ被害防止判例が覆されないためである。判例が法律として機能する英米法の米国では一歩踏み込んで強い「言論の自由の保護」を打ち出しているといえる。

いずれにせよ、どの州も「提訴そのものを違法とする法律」はない。民事訴訟を提訴する権利は、アメリカ合衆国憲法でも「陪審を受ける権利」(Right to jury) として手厚く保護されているからである。すなわち「反スラップ法」といっても「スラップ禁止法」ではない。

「50州のうち28州」は「半分ちょっと」に思えるかもしれないが、人口カバー比率では約72%(2012年) =ほぼ4分の3である。また、新聞・出版業が集中するニューヨーク州と、テレビ・映画など映像産業が集中するカルフォルニア州がどちらも反スラップ法を持っているため、マスメディアが関係する裁判例ではほとんどがカバーされてしまう。

施行された反スラップ法に対して、連邦または州憲法に違反するのではないかという違憲審査訴訟がリゾートや不動産など産業界によって起こされた州がある。その主張は、反スラップ法が以下のような連邦または州憲法上の権利を侵害している、という内容だった。

①法に基づく適正手続き(デュー・プロセス)

②法の下の平等な保護

③裁判を受ける権利

④そのほか州憲法が定める権利

その際よく争点になったのが「立証責任の転換条項」(burden shifting provision) である。提訴された被告側が「この提訴はスラップだ」という動議を裁判所に出すと、今度は「この裁判はスラップではない」ことを裁判所に証明する責任が原告側に生じる、という決まりである。スラップ被害防止法に反対する側は、この条項を「デュー・プロセスに反する」「裁判を受ける権利を侵害する」「裁判で事実を発見する権利を侵害する」と主張した。しかし大半の判決は「(反スラップ法は)デュー・プロセスが求められる財産権の保護に当たらない」「公益のない訴訟をスクリーニングする手続きにすぎない」「事実を発見する裁判所の役割に影響しない」として違憲性を否定した。

州名	スラップ法成立の年
アリゾナ	2006年
アーカンソー	2005年
カルフォルニア	1992年
デラウエア	1992年
フロリダ	2000年
ジョージア	1996年
ハワイ	2002年
イリノイ	2007年
インディアナ	1998年
ルイジアナ	1999年
メイン	1995年
メリーランド	2004年
マサーチューセッツ	1994年
ミネソタ	1994年
ミズーリ	2004年
ネブラスカ	1994年
ネバダ	1993年
ニューメキシコ	2001年
ニューヨーク	1993年
オクラホマ	
オレゴン	2001年
ペンシルバニア	2000年
ロードアイランド	1995年
テネシー	1997年
テキサス	
ユタ	2001年
バーモント	2006年
ワシントン	2010年
コロラド	
ウェストバージニア	
ワシントンDC	
グアム	1998年

（注：明文法ではなく判例、裁判所規則などで対応している州は成立年を省略）

州憲法との違憲性を認めたのはニューハンプシャー州（人口132万7000人）である。

1994年、州上院議会から反スラップ法議案が州憲法に合憲かどうかの意見を求められた同州最高裁は「立証責任の転換条項」について「陪審員法廷の判断を受ける前に、裁判官が事実争いに解決を下すことになり州憲法に違反する」との判断を下した。同州には反スラップ法がない。

2009年12月には、アメリカ全州に効力を持つ反スラップ連邦法案（the Citizen Participation Act）が初めて下院に提案された（議案番号H.R. 4364）。スラップは人種差別と同じように連邦法で被害を防止すべき「公民権の侵害」ではないのか、という議論が始まっている。上下院で可決されれば、アメリカは国全体でスラップ被害を防止する段階に入る。

なお「プリング＝キャナンが最初の学説上で定義したスラップ」（前掲書 'SLAPPs'）と「州法が定めたスラップの基準」には若干の差がある。前者は「言論」を「政府への請願権を行使する言論の表明」に絞っている。が、その後各地の州法に導入されるにあたって「政府への請願」以外の「一般的な言論」（市民運動やブログ、ネットの発言など）に保護の範囲が広げられて行った。さらに、州ごとに細かな違いがある。例えば、報道や広告を保護対象に含めるのかどうかは州によって差異がある。それも判例によって日々アップ・デートされ変化している。

2009年と2010年の2回、筆者はアメリカを数カ月回ってスラップ関連法にかかわっている弁護士や学者、州議会関係者、実際にスラップ被害に遭った人々を訪ねて取材した。その中には前述のプリング＝キャナン両教授やゴールドウィッツ弁護士が含まれている。特に詳しく法制度や運用、判例を実地に取材したのはカルフォルニア州とニューヨーク州である。

カルフォルニア州の反スラップ法

カルフォルニア州の特色

カルフォルニア州をケーススタディに選んだ理由を先に説明しておこう。

①カルフォルニアは全米で人口がもっとも多い州（３７１７万人、全米人口の12％）。
②面積、南北に長い地形、山が多い地形、長い海岸線を持つ、など地理条件が日本と似ている。裁判の種類が似ている。
③大都市が多く、都市集中型の人口分布が日本と似ている（全米上位50都市のうち8都市がカルフォルニア州にある）。
④経済活動が活発。企業が多い。ＯＥＣＤの統計などで測ると世界上位10位以内の一国に相当する経済規模がある。
⑤よって訴訟件数が多い。

⑥スラップ関連の判例が全米でも数多く蓄積している。
⑦人口増のため住宅区域が広がり続けている。そのため開発業者と環境保護団体や住民との間で紛争が起きやすい。
⑧市民運動が盛ん。
⑨反スラップ法の他にも、言論の自由を保護する法律（情報公開法、取材源証言拒否免責法など）が整備されている。
⑩全米でももっとも早くスラップ規制法を制定した州の一つ。
⑪法の保護対象が全米でもっとも広い。
⑫スラップ対策専門の団体、弁護士事務所が複数ある。

第1章で詳しく述べた「ドライ・クリーク事件」はこのカルフォルニアで当事者に面談して取材した事例だ。

州民事訴訟法の一部であるカルフォルニア州反スラップ法

カルフォルニア州反スラップ法が施行されたのは１９９２年である。通称は「California Anti SLAPP Law」だが、正式には「California State Code of Civil Procedure 425.16-18」つまり「カルフ

ォルニア州民事訴訟法・第425条16～18項」である。つまり州民事訴訟法の一部を改訂することでスラップ被害防止法として機能させている。

提訴された被告は、「この提訴はスラップである」という「モーション」（motion〔動議、申し立て〕）を裁判所に提出できる。動議が出ると、裁判所は審理を止める。これを「ステイ」（stay〔イヌのおあずけと同じ言葉〕）という。

裁判の冒頭で動議を出し、審理をストップさせることができるのは、裁判を証拠開示（discovery）に入らせないことが目的である。日本と違い、アメリカの民事訴訟では原告・被告が証拠を請求し合い、開示しあう証拠開示が徹底している。従って、証拠として提出される書類などの量が極めて多い。「トラック1台分」はある段ボール箱でファイルや資料が送られてくる。その精査に人と時間がかかる。アメリカの弁護士費用は「時間課金制」が普通である。1時間300～500ドルの料金もざらだ。この証拠開示に、時間と弁護士費用がかかる。この費用がかさんで、提訴された側が自宅を抵当に金を借りて家を失う、破産するなどの被害が起きた。

審理の進め方

動議が出されると、提訴がスラップかどうかを判定するに当たって、裁判所は次の2点を調べる。

【第一段階】 被告は「公共の利害」（public interest）にかかわる問題で行なわれた意見表明（public speech）が訴訟の背景にある」ことを裁判所に示す。

【第二段階】 被告側の立証が終わると、立証責任は原告側（裁判を起こした側）に移る。原告は「勝訴する蓋然性」(probability to prevail) を裁判所に示さなくてはならない。

この「勝訴する蓋然性」という条文について、カルフォルニア州最高裁判所は次のような解釈を示している。

「提訴に十分な法的根拠があること。有利な判決を得るのに十分な証拠を、被告からの反証証拠が提出されても、それを超えて裁判所が信じることができる根拠を示すこと」。

“the complaint is both legally sufficient and supported by a sufficient prima facie showing of facts to sustain a favorable judgment.”

（Wilson v. Parker, Covert & Chidester (2002) 28 Cal.4th 811, 821.）

ここでの “Prima facie” とは法律用語で「相手側からの反論の証拠があっても、それを超えて裁判所が信じることができる」という意味である。

例えば、名誉毀損訴訟ならアクチュアル・マリス（actual malice。現実の悪意＝相手を故意に傷つけようとする憎悪が実際に形を伴って存在すること。１５１頁参照）を立証しなくてはならない。

カルフォルニア州の反スラップ法の特徴

後述するように、アメリカでは1963年の連邦最高裁判所判例で、名誉毀損の民事訴訟で勝つことは不可能に近いほどハードルが高い。つまり言論の自由への保護が手厚い。スラップの多くは名誉毀損訴訟だ。どの州の民事裁判も連邦最高裁判例の拘束を受けるため、名誉毀損でスラップ裁判を起こしてもまず勝てる見込みはない。つまり名誉毀損を請求原因とするスラップは第二段階でまず間違いなく立証に失敗してしまう。日本ではスラップ訴訟でもっとも頻繁に使われる名誉毀損も、アメリカの人口比72%の地域では提訴しても勝てないということになる。

裁判所が提訴をスラップと認定した場合、提訴はそこで棄却される。不服な場合は1回だけ控訴できる。裁判所の判断にかかる時間は一審目が3カ月前後だ。第1章で述べた「ドライ・クリーク訴訟」は半年だった。これは長くかかった方だという。一審判決まで1〜2年はゆうにかかる日本の民事裁判に比べて非常に速い。これはスラップ提訴された側の経済・精神・肉体的被害をできるだけ少なくするための措置だ。

カルフォルニア州の反スラップ法にはもうひとつ大きな特徴がある。「弁護士費用移転条項」(Attoney's Fee Transfer)である。これは提訴をスラップと裁判所が認定した場合、被告側が雇った弁護士の費用も提訴した側が払わなくてはならないということを義務付けている。つまり、軽はずみに提訴をしてそれがスラップと認定されると、自分が雇った弁護士だけでなく、提訴した相手側が雇った弁護士の費用も負担しなくてはならないのだ。弁護士費用が2倍になって跳ね返る(実際に支払わなければならない金額は、被告側が請求したうえ裁判所が決める。『満額』とは限らない)。

これはスラップ提訴された側の経済的被害を防止することの他に、もうひとつ目的がある。スラップ提訴をしようとする人たちを思いとどまらせる「抑止」の機能があるのだ。

さらに後に法改正され「スラップ・バック条項」が付け加わった。スラップを起こされた側が、提訴によって被った損害を原告に求める裁判を起こしても構わない、という条項である。「民事裁判を起こすこと」も「公的意見の表明」の定義にはいる。「スラップ提訴だから違法だ」と主張して提訴すると、今度はそれがスラップになってしまう。それはスラップから除外します、という例外規程である。つまり「提訴するのは自由ですが、スラップだと裁判所に認定されると二重、三重の不利益が待っています」という「抑止」があちこちに設けられているのだ。

カルフォルニア州サンディエゴ市で開業するジェイムズ・モニアは、スラップ訴訟を専門とする弁護士である。同州の司法研修で講師も務めている。その仕事の多くは「スラップ提訴する側への法律アドバイス」だという。具体的には「提訴して裁判所がスラップ認定した場合、いかにリスクが高いかを警告すること」である。

「例えて言うなら、カルフォルニア州の反スラップ法は、キバがいくつも並んだサメの歯のようなものです。いったん食いつかれると、次々にキバが食い込んで抜け出せなくなる。それでも提訴しますか、とクライアントに警告する。提訴しようとする側は感情的になっているのですが、それを聞いてたいていは思いとどまります」。

それでも、スラップ認定される提訴をする原告は後を絶たないという。その理由を訪ねてみたところ、モニア弁護士もゴールドウィッツ弁護士も「反スラップ法を知らない弁護士もいるから」と答えた。

ニューヨーク州の反スラップ法

反スラップ法の適用対象

ニューヨーク州で反スラップ法が施行されたのは1993年である。具体的には「New York Civil Rights Law 70-a, 76-a」つまり「ニューヨーク州公民権法・第70条a項および第76条a項」という。

カルフォルニア州の反スラップ法がマスメディアやインターネットでの発言など「言論」の定義を広くとっているのに対して、ニューヨーク州法は狭く定義している。「政府への認可・承認・免許などを申請した個人・法人への苦情や批判」としている。この「苦情・請願・陳情」への提訴をスラップとして規制法の対象とするわけだ。つまり「政府」という舞台で議論される言論に、スラップ被害防止法の適応対象を絞っているのだ。

しかし、これは「スラップから保護すべき言論の自由」が狭く定義されているのではない。ニューヨーク州では、反スラップ法の制定以前から、言論の自由を保護する判例が分厚く重なっており、報道やインターネット、社会運動といった分野ではスラップを提訴しても、ほぼ勝つ可能性がない。特にスラップ提訴の請求でもっとも頻繁に使われる「名誉毀損」は、連邦最高裁判例や州裁判所判例で厳格に成立が排除されていて、ほぼ不可能に近い。したがってスラップ提訴そのものが極めて少ない。よって、反スラップ法が作られるときには、そうした「言論の自由を保護する判例」からこぼれていた「例外的な分野」に限って立法する必要しかなかった（ニューヨークにある言論の自由にかかわる法律を扱うＮＰＯメディア・ロー・リソース・センター〔Media Law Resource Center〕のディレクター、サンドラ・バロンの話）。

これはニューヨーク州とカルフォルニア州の歴史や産業などの背景がまったく違うために生まれた違いである。

・カルフォルニア州では、テレビ・映画といった映像メディア（ハリウッド）とインターネットメディア（シリコンバレー）といった比較的新しいマスメディアが盛んである。ニューヨーク州は新聞、出版、テレビといった伝統的なマスメディア産業が盛ん。そうした伝統的マスメディア産業がかかわる訴訟判例が積み重なっている。

・カルフォルニア州は未開発の土地がニューヨーク州より広く残っており、住宅やリゾート開発のために反対運動が起こりやすい。一般市民がスラップの標的にされることが多い。

・ニューヨーク州の方がカルフォルニア州より歴史が古く、判例の積み重ねが分厚い。

こうした前提を述べたうえで、ニューヨーク州の反スラップ法の中身を紹介する。

・公的機関への認可や免許の申請をした個人または法人が提訴する

・その申請に対して批判、報告、反対、裁決などをした者に対して提訴される

・具体的には認可、許可、土地の用途地区指定（ゾーニング）の変更、賃貸借、免許そのほかの資格。

・提訴された側は、裁判所に「この提訴はスラップである」と動議を出すことができる。

・提訴した側が「この訴訟は事実および法によって証拠づけられた根拠、または、法律の拡大、修正に関する事実に裏付けられた説が根拠にあること」を証明できなければ、提訴は却下される。つまり「スラップではない」と立証する責任は提訴した側にある。

・提訴された側は弁護士費用そのほかスラップ提訴されたことによる損害を賠償請求できる。「法律上重大な価値や目的がない」(frivolous) ことを証明すれば懲罰的賠償を請求できる。

「名誉毀損」の成立をほぼ不可能にしていた代表判例

反スラップ法以前から、ニューヨーク州での「名誉毀損」の成立をほぼ不可能にしていた代表的な判例をふたつ挙げておく。

まず、大きな前提として、アメリカの民事裁判では名誉毀損を立証する責任は訴えた側にある。日

本では「名誉毀損ではない」ことを立証する責任が被告側にある。この立証責任の構造だけ取っても、日本はアメリカよりはるかに名誉毀損を成立させやすい。つまりスラップ訴訟を起こして勝つ可能性が高い。この前提を念頭に置いておいてほしい。

【ニューヨークタイムズ対サリバン事件】

1963年の連邦最高裁判所判決。

アメリカ南部諸州でアフリカ系市民への差別的制度を撤廃するよう求める公民権運動が燃え盛っていた当時の判例である。争点になったのは、1960年3月29日付ニューヨーク・タイムズ紙に掲載された"Heed their rising voices"（高まる声に心を向けてください）と題する意見広告だった。公民権運動支持者が出したこの広告は、文面で南部州での公民権運動家の扱いを批判し、公民権運動のリーダーであるキング牧師への寄付を呼びかけていた。

この広告で、代表的な南部州であるアラバマ州モンゴメリー市のコミッショナー（選挙で選ばれる市長の下の行政職）であるL・B・サリバンが、ニューヨーク・タイムズ紙と広告の署名者数人を名誉毀損で提訴した。争点になった記述は「南部州で公民権を侵害している人々は、キング牧師の平和的な抗議活動に暴力と脅迫で応えている。（略）警察は牧師を7回逮捕した。スピード違反、目的なく彷徨した、などそういった『犯罪』を犯したと彼らは言う。そして今回はキング牧師を偽証罪で起訴した。最長で10年の刑がある重罪である」。

サリバンは「警察の不祥事に私が責任があるかのような誤った記述である」と主張した。サリバンが着任する以前の事件が述べられていたからだ。第一審裁判所（陪審制）はニューヨーク・タイムズ側に50万ドルの支払いを命じるサリバン勝訴の判決を下した。このサリバン事件は氷山の一角にすぎず、この最高裁判決までには、11の州や地方自治体の官職者がタイムズ紙を名誉毀損で提訴し、請求金額は５００万ドルを超えていた。裁判に負けると、その賠償金の負担でタイムズ紙は倒産の危険があった。この提訴は公民権運動に支援的な論陣を張っていた同紙への訴訟攻撃だった。「スラップ」という言葉ができるはるか以前のスラップだったのである。

この判決で連邦最高裁は、名誉毀損が成立するためには、原告は被告にアクチュアル・マリス（actual malice）があったことを証明しなくてはならない、という後に有名になった「アクチュアル・マリス基準」（Actual Malice Stamdard）をつくる。連邦最高裁判例は全米の下級裁判所を拘束する。

わかりにくい言葉なので、ニュアンスを詳細に説明する。マリス（Malice）とは「相手を傷つけようという憎悪に基づく意思」を指す。アクチュアル（Actual）には「形になって存在する」という意味がある。つまり、原告に「記事に、相手を傷つけようという憎悪に基づく意思が、形になって現れていることを証拠で証明しなければ、名誉毀損は成立しない」という厳しい基準を課した。新聞社や記者、職業言論人が「相手を傷つけようという憎悪に基づく意思」を持って記事を書くことはまずない。ましてそれが「形になって現れている」ことを証明するのは至難の業である。よって、名誉毀損を成立させるのは事実上不可能になった。だから提訴もほとんどない。このアクチュアル・マリス基準は日本語では「現実の悪意の法理」とわかりにくい言葉に翻訳されている。

【ユーティカ・オブザーバー・ディスパッチ対チャパデュー事件】

1975年、ニューヨーク州控訴裁判所（日本の高等裁判所）判決。州最高裁が支持して確定。

1971年6月、公立学校の教師であるジョセフ・チャパデューがニューヨーク州でヘロインと皮下注射器具の所持で逮捕された。翌日の地元新聞『ユーティカ・オブザーバー・ディスパッチ』紙は誤って、別に麻薬所持の軽犯罪で逮捕された2人とチャパデューを「ブルックウッド公園で開かれていたパーティーで逮捕された三人組」と報道した。そのため逮捕された教師が「記事は誤りであり悪意に基いて報道された」と名誉毀損で提訴した。新聞側は該当の記述の誤りは認めたが「全体として記事はフェアで事実を報じている」と主張した。

この裁判の判決で州最高裁は、名誉毀損の成立に次のような基準を示した。原告は、出版者（この場合新聞社）が“grossly irresponsible manner without due consideration for the standards of information gathering and dissemination”で出版に及んだことを証拠によって証明しなくてはならない。

英語部分を訳すると「情報の収集と伝播の基準に照らして適当な考慮をしない、極めて無責任な態度」という意味だ。この grossly には「雑な」「手を抜いた」「敵対的な」「考慮し判断する意欲に欠けた」という意味がある。

簡単にいうと、新聞記事が名誉毀損であることを立証するためには、原告は新聞社の記者や編集者が「雑で、手を抜いた無責任な態度でその記事を出版した」ことを証拠で証明しなくてはならない。新聞社や出版社などがそうした態度で記事を出版することは極めてまれだ。それを証拠で証明するのは、まして極めて困難である。つまりこの判例は、極めて悪質な例外を除いて名誉毀損の成立をほぼ不可能にしたのである。この判例は“Grossly Irresiponsible”基準として、ニューヨーク州ではロー・スクールで必ず習う重要な判例である。

《参考資料》

カルフォルニア州民事手続法４２５条16項（原文）

Code of Civil Procedure - Section 425.16.

(a) The Legislature finds and declares that there has been a disturbing increase in lawsuits brought primarily to chill the valid exercise of the constitutional rights of freedom of speech and petition for the redress of grievances. The Legislature finds and declares that it is in the public interest to encourage continued participation in matters of public significance, and that this participation should not be chilled through abuse of the judicial process. To this end, this section shall be construed broadly.

(b) (1) A cause of action against a person arising from any act of that person in furtherance of the person's right of petition or free speech under the United States Constitution or the California Constitution in connection with a public issue shall be subject to a special motion to strike, unless the court determines that the plaintiff has established that there is a probability that the plaintiff will prevail on the claim. (2) In making its determination, the court shall consider the pleadings, and supporting and opposing affidavits stating the facts upon which the liability or defense is based. (3) If the court determines that the plaintiff has established a probability that he or she will prevail on the claim, neither that determination nor the fact of that determination shall be admissible in evidence at any later stage of the case, or in any subsequent action, and no burden of proof or degree of proof otherwise applicable shall be affected by that determination in any later stage of the case or in any subsequent proceeding.

(c) (1) Except as provided in paragraph (2), in any action subject to subdivision (b), a prevailing defendant on a special motion to strike shall be entitled to recover his or her attorney's fees and costs. If the court finds that a special motion to strike is frivolous or is solely intended to cause unnecessary delay, the court shall award costs and reasonable attorney's fees to a plaintiff prevailing on the motion, pursuant to Section 128.5. (2) A defendant who prevails on a special motion to strike in an action subject to paragraph (1) shall not be entitled to attorney's fees and costs if that cause of action is brought pursuant to Section 6259, 11130, 11130.3, 54960, or 54960.1 of the Government Code. Nothing in this paragraph shall be construed to prevent a prevailing defendant from recovering attorney's fees and costs pursuant to subdivision (d) of Section 6259, 11130.5, or 54690.5.

(d) This section shall not apply to any enforcement action brought in the name of the people of the State of California by the Attorney General, district attorney, or city attorney, acting as a public prosecutor.

(e) As used in this section, "act in furtherance of a person' s right of petition or free speech under the United States or California Constitution in connection with a public issue" includes: (1) any written or oral statement or writing made before a legislative, executive, or judicial proceeding, or any other official proceeding authorized by law, (2) any written or oral statement or writing made in connection with an issue under consideration or review by a legislative, executive, or judicial body, or any other official proceeding authorized by law, (3) any written or oral statement or writing made in a place open to the public or a public forum in connection with an issue of public interest, or (4) any other conduct in furtherance of the exercise of the constitutional right of petition or the constitutional right of free speech in connection with a public issue or an issue of public interest.

(f) The special motion may be filed within60 days of the service of the complaint or, in the court's discretion, at any later time upon terms it deems proper. The motion shall be scheduled by the clerk of the court for a hearing not more than 30 days after the service of the motion unless the docket conditions of the court require a later hearing.

(g) All discovery proceedings in the action shall be stayed upon the filing of a notice of motion made pursuant to this section. The stay of discovery shall remain in effect until notice of entry of the order ruling on the motion. The court, on noticed motion and for good cause shown, may order that specified discovery be conducted notwithstanding this subdivision.

(h) For purposes of this section, “complaint” includes “cross-complaint” and “petition,” “plaintiff” includes “cross-complainant” and “petitioner,” and “defendant” includes “cross-defendant” and “respondent.”

(i) An order granting or denying a special motion to strike shall be appealable under Section 904.1.

(j) (1) Any party who files a special motion to strike pursuant to this section, and any party who files an opposition to a special motion to strike, shall, promptly upon so filing, transmit to the Judicial Council, by e-mail or facsimile, a copy of the endorsed, filed caption page of the motion or opposition, a copy of any related notice of appeal or petition for a writ, and a conformed copy of any order issued pursuant to this section, including any order granting or denying a special motion to strike, discovery, or fees. (2) The Judicial Council shall maintain a public record of information transmitted pursuant to this subdivision for at least three years, and may store the information on microfilm or other appropriate electronic media.

ニューヨーク州公民権法70条-a・76条-a（原文）

Civil Rights

§ 70-a. Actions involving public petition and participation; recovery of damages. 1. A defendant in an action involving public petition and participation, as defined in paragraph (a) of subdivision one of section seventy-six-a of this article, may maintain an action, claim, cross claim or counterclaim to recover damages, including costs and attorney's fees, from any person who commenced or continued such action; provided that:

(a) costs and attorney's fees may be recovered upon a demonstration that the action involving public petition and participation was commenced or continued without a substantial basis in fact and law and could not be supported by a substantial argument for the extension, modification or reversal of existing law;

(b) other compensatory damages may only be recovered upon an additional demonstration that the action involving public petition and participation was commenced or continued for the purpose of harassing, intimidating, punishing or otherwise maliciously inhibiting the free exercise of speech, petition or association rights; and

(c) punitive damages may only be recovered upon an additional demonstration that the action involving public petition and participation was commenced or continued for the sole purpose of harassing, intimidating, punishing or otherwise maliciously inhibiting the free exercise of speech, petition or association rights.

2. The right to bring an action under this section can be waived only if it is waived specifically.

3. Nothing in this section shall affect or preclude the right of any party to any recovery otherwise authorized by common law, or by statute,

law or rule.

§ 76-a. Actions involving public petition and participation; when actual malice to be proven. 1. For purposes of this section:

(a) An "action involving public petition and participation" is an action, claim, cross claim or counterclaim for damages that is brought by a public applicant or permittee, and is materially related to any efforts of the defendant to report on, comment on, rule on, challenge or oppose such application or permission.

(b) "Public applicant or permittee" shall mean any person who has applied for or obtained a permit, zoning change, lease, license, certificate or other entitlement for use or permission to act from any government body, or any person with an interest, connection or affiliation with such person that is materially related to such application or permission.

(c) "Communication" shall mean any statement, claim, allegation in a proceeding, decision, protest, writing, argument, contention or other expression.

(d) "Government body" shall mean any municipality, the state, any other political subdivision or agency of such, the federal government, any public benefit corporation, or any public authority, board, or commission.

2. In an action involving public petition and participation, damages may only be recovered if the plaintiff, in addition to all other necessary elements, shall have established by clear and convincing evidence that any communication which gives rise to the action was made with knowledge of its falsity or with reckless disregard of whether it was false, where the truth or falsity of such communication is material to the cause of action at issue.

3. Nothing in this section shall be construed to limit any constitutional, statutory or common law protections of defendants to actions involving public petition and participation.

第6章　日本でスラップ法導入への課題と提言

日本でスラップの被害を防止するためには、どんな対策が現実的だろうか。どのような法律的解決が良いのだろうか。この章では、日本にスラップ被害防止法を導入する際に想定される課題や、筆者からの提言について述べることにする。

民事訴訟法の改正が現実的

アメリカの反スラップ法（Anti SLAPP Law）と一言でいっても、実際の「法律」には州によっていろいろなバリエーションがある。既存の法律とは別個の法律を新たに作った州もあれば、裁判所内規を書き換えて対応した州もある。判例だけで間に合うとして新たな成文法を作らなかった州もある。ただし、これは判例が法律と同じ効力を持つ英米法の国でしか通用しない。日本では最高裁判例以外の下級審の判例は他の裁判所を拘束しない。

カルフォルニア州は民事訴訟法の一部を改正した。3~4条ほどが付け加えられた。ニューヨーク州では「公民権法」の2条が改正された。日本でも、こうしたすでにある法律の一部を書き換える、書き加える手法が手近で、現実的だろう。具体的には、民事訴訟のルールを決めた民事訴訟法の改正が考えられる。

「スラップ被害を防止する」とは要するに被告側の裁判コストを軽減することである。そしてスラップ提訴を抑止することである。その骨子をカルフォルニア・ニューヨーク州法から抜き書きするとこうなる。

・裁判の初期（提訴）の段階で、提訴された側が「この提訴はスラップである」と裁判所に申し立てることができる。
・動議が出た段階で、審理を止める。
・裁判所はまず、証拠調べに入る前に、スラップかどうかだけを審理する。
・スラップと認めれば、その時点で棄却。不服なら上告できる。

・スラップと認めず、審理に入ることも裁判所の裁量としてある。
・被告側は弁護士費用を原告側に請求できる。
・被告が、提訴されたことで生じた被害を原告に請求する訴訟を起こす権利を認める。

「提訴する権利」「裁判を受ける権利」の侵害という見解への反論

アメリカ各州の反スラップ法にも「提訴そのものを禁じる法律」はない。「裁判を受ける権利」は合衆国憲法で保障された重要な権利だからだ。だから Anti SLAPP Law という言葉を「スラップ禁止法」と訳するのは間違いである。提訴が「裁判を受ける権利の行使」である以上「禁止」はできない。したがって反スラップ法の機能は、絞りきれば、二つだけである。①できるだけスラップ提訴を「抑止」すること。②提訴されても「被害＝裁判コストをできるだけ軽減する」こと。ここまでしか法律は定めることができない。

様々な州法を見た筆者の感触としては、カルフォルニア州の反スラップ法は以下の①②のように「被害を最小限に食い止める」目的を達しつつ「裁判を提訴する権利」を守っている。本来衝突するふたつの権利を両立させるという高いハードルをクリアしているという点で、非常に巧みに設計されている。日本での法制化を考えるうえでの「お手本」になる。

①「弁護士費用の原告への移転」条項と「スラップバック条項」は提訴側に「スラップはリスクが大きすぎる」とためらわせる抑止条項である。

②訴えられた側が裁判の最初で動議を出すことで、審理を止める。裁判所が先に「スラップかどうか」だけを審理して、認めれば棄却する。この部分は、被告の時間と金銭（弁護士費用）の消費という負担を軽減するための条項である。

日本でも、スラップであろうと「提訴そのもの」を禁じることは日本国憲法の「裁判を受ける権利」を奪うことである。したがって、それはできない。この憲法上の権利保障は日米とも同じである。すると、結局は日本でも反スラップ法の内容は、カルフォルニア民事訴訟法と同じように①提訴の「抑止」と②提訴された側の「被害をできるだけ軽減する」の二点に絞って法律に定めればよい。

法治国家として法律の抜け穴をふさぐ

何度か述べたように、日本の民事裁判は裁判化の垣根が低い。「訴状」という「民事裁判を起こします」という書類を裁判所に提出、受理されるだけでよい。相手に裁判コストが発生し、苦痛を与えることができる。相手の意思に反して苦痛や不利益、不快を与えることができる。

こうした「相手の意思に反して苦痛や不利益、不快を与える」行為は、法律や監視機構の厳しいチェック下に置き、最小限に抑制するのが民主主義の鉄則のはずである。ところが現実には、民事訴訟がスラップという形で悪用されると、何の法律的な抑制や制御もない「ノーチェックかつ合法的な暴力」として作用してしまう。しかも訴える側に一方的に有利にできている。つまりスラップは民事訴訟という裁判制度に開いた「法の抜け穴」であり、システムのバグである。これを放置することは法治国として健全とは言えないのではないか。

反スラップ法は「弱者保護」ではなく「民主主義の保護」である

「言論の自由」を保護するため

日本にかぎらずアメリカでもよくあるのは「スラップとは強者が弱者を訴訟で攻撃すること」という誤解である。

法律でも学説でも、スラップの定義は「提訴する側が社会的強者」で「提訴される側が弱者」とは限っていない。というより、スラップの定義には原告・被告の「力の差」には言及しない。時には弱者が強者を訴えた提訴がスラップと認められることもある（報道被害の例で詳述）。そもそも原告と被告の「強者」「弱者」は相対的なものにすぎない。それを法律で定義することは不可能である。

意外に思えるかもしれないが、アメリカでも学説であれ法であれ「弱者保護」を趣旨としない。まして「市民運動」「住民運動」を保護することでもない。スラップという概念をつくったジョージ・プリング教授は筆者の取材に「反スラップ法が必要な理由は『弱者保護』ではない。民主主義のシステムを守るためだ」と明言している。

ひとつには、これまで何度も述べてきたように「言論の自由」を保護するためだ。自分の考えたことを社会に表明したことを理由に罰せられ、苦痛を受けるなら、人々は怖がって意見を表明しなくなる。「意見」「言論」は民主主義社会にとっては血液のようなものだ。これが循環しなくなれば、やがては体全体が死を迎える。スラップは民主主義社会にとっては、血栓や血管の壊死のように重篤な病気を招く要因になりうる。

裁判制度への信頼を守る

もうひとつの目的は、裁判制度への信頼を守ることだ。プリング教授は「裁判が言論を妨害する攻撃手段として使うことが法律的に可能なら、誰も裁判所を信用しなくなる」と警告する。

提訴された側にすれば、裁判所によびだされ、弁護士を雇い、話し合い、資料や書類を用意する、という「最初の一歩」で時間や経済の消耗が始まる。

もちろん、日本の民事裁判では、弁護士を雇うことは義務ではない。『本人訴訟』という選択肢もある。しかし訴えられるとも思っていない一般市民には、提訴に応じる手続きすらわからかない。また、不慣れなまま本人訴訟をすれば負ける可能性も高くなる。結局、病気になれば医者に駆け込むように、提訴されれば弁護士に相談に行く。「裁判で負けるかもしれない」という高いリスクを負わされた状態では、人間は「できるだけ安全な対策を取る」のが自然である。

すると、裁判制度そのものが「相手に苦痛を加える装置」として作用してしまう。まして判決で負けると「なぜこれが嫌がらせだと裁判官はわからないのだ」と不満が沸騰する。こうした現象が続くと「裁判所に持ち込まれると負ける」「裁判所は市民の味方ではない」「何を言っても聞いてもらえない」という不信感が広まる。

一方、いくら裁判官が「この提訴は言論を攻撃するための訴訟ではないのか」と内心で思っていても、スラップを定義し抑制する法律がなければ、対応できない。「裁判を受ける権利」が憲法で保障されている以上は「できるだけ審理をしなければならない」と考えるのが職業的な義務感だろう。「不当な提訴であれば裁判所が審理のうえ判決で棄却する」が、日本の裁判所の「建前上の仕組み」だからである。

ここでは「民事提訴が言論への攻撃に使われる」という「現実」と、法律が定義する裁判所の機能の間に、大きなギャップができているように思う。

裁判所が市民から信用されなくなることは、すなわち民主主義というシステムの危機である。現在の日本は、この危険な道をまっすぐにたどっているように思える。

民主主義と資本主義の衝突

民主主義的な自由の成熟とスラップ現象

「民主主義と資本主義の衝突」。

筆者とのインタビューで、ペネロペ・キャナン教授は、スラップの本質をそう形容していた。「政治的自由と経済的自由が衝突する現象がスラップなのだ」とも言っていた。

含意はこういうことである。市民が公的に発言する機会が制度として整備され、保障されるほど、市民の声が公になる機会も増える。ある企業がその発言を好ましくないと判断する。スラップを提訴する。逆にいえば、市民がその意見を公にする回路が開かれていなければ、スラップも起きない。好意的に考えれば、スラップは民主主義的な自由が成熟してきたゆえの現象ともいえる。

例えば、アメリカで1970~80年代にスラップが増えた背景には、環境保護運動の高まりと、それに応えて環境保護関連の法律や制度が整備されたことがある。多くの州で、一定規模以上の開発行為（リゾートや宅地など）を行う際、環境への影響を事前に評価し、住民に公開することが義務づけられた。いわゆる「アセスメント制度」である。

そのきっかけとなる法律は、1970年1月に発効した「国家環境政策法」（National Environmental Policy Act ＝ＮＥＰＡ）である。この制度では、事前の環境への影響の計測（アセスメント）とその公開だけでなく、住民からの意見を聞くヒアリング（公聴会）、地方政府への異議申立ての制度などが生まれた。すると、そうしたヒアリングや異議申立ての場での、住民の発言がスラップの標的になる現象が多発した。

スラップ訴訟が多発する社会的な土壌

日本でも同じ背景が見て取れる。

日本で環境アセスメント制度が法律的に整備されたのは、1997年の環境影響評価法の成立が大きな分岐点になっている。また、市民の社会貢献活動に「非営利活動組織」＝ＮＰＯ（Non-Profit Organization）としての法的根拠を与えた特定非営利活動促進法（ＮＰＯ法）が施行されたのは、1998年12月だ。2001年4月には、国の行政機関の持つ情報公開の手続きを定めた「行政機関情報公開法」が施行された。

つまり、1990年代末～2000年代初頭にかけて、日本でも市民が行政の情報を知り、永続的に組織として関与していくための法的な環境が整ったといえる。スラップ訴訟が多発し始めるのは、まさにこの2000年～2010年の10年間なのである。

奇しくも、この10年はインターネットの普及率が30％前後から80％前後まで急激に伸びた10年でもある。「市民の声」が公になる双方向マスメディアが姿を現したのだ。

NTTドコモが携帯電話をインターネット端末として使う「iモード」を発表したのが1999年。そのあとブログからSNS（ミクシィ、ツイッター、Facebookなど）へと「市民」がマスメディアで公に発言するための環境は飛躍的に向上している。それまでは専業記者や新聞・雑誌など「職業言論人」だけが標的にされていたスラップ訴訟は、一般市民を標的に提訴されるようになっていった。

もうひとつの大きな社会変化は、1990年代後半に進行した金融自由化で個人株主が急増し、それまでの機関投資家やグループ企業間の株の持ち合いで安定していた株価が「世評」「世論」によって大きく変動するようになったことだ。個人投資家に大きくドアを開けたインターネット証券会社の新規参入を可能にしたのは、1998年11月の証券取引法改正である。企業など組織側から見ると、これは「株価」という「企業価値の指標」が「世評」によって大きく変動する時代が来たことを意味する。経営者は「世評」に敏感にならざるをえない。ここに「不都合な言論を排除したい」という動機が生まれる。スラップ訴訟が多発する社会的な土壌ができあがっているのだ。

インターネット時代に「唯一の公開論争の場」でなくなった法廷

「公開の言論空間」としての民事法廷

インターネットが普及する以前、民事法廷は「公開の言論空間」としての一面があった。アナログメディア時代、ある言論が公開されたとき、それに不服な当事者が反論する場所や機会は限られていた。新聞、雑誌、テレビ・ラジオといったアナログ媒体には紙面や時間に限りがあった。また、反論したくても、発言当事者だけの意思では決められない。マスメディアが取材に来なくては、マスメディアへのアクセスそのものがない。また、タイミングや内容、分量を決めることもできない。

民事提訴すると、法廷の審理は原則公開である。傍聴もできる。そこで自分の主張を公に展開できる。公式の記録にも残る。新聞やテレビなど報道媒体の関心を引けば、報道される可能性もある。提訴する側にすれば「名誉回復」や「真実を明らかにする」ことができる。アナログメディア時代には、民事裁判がそうした機能を持っていたことは否定できない。

しかし、誰でもマスに発信ができるインターネット時代になって、法廷の「公開された討論空間」としての独占的な地位は相対的に低下した。不利な言論を表明されても、それに対する反論をインターネットで公表すれば「公開の場で反論する」という言論上の必要は足りてしまうからだ。

民事裁判での議論とネット上での議論との違い

「裁判にすれば、裁判所が真実を見つけてくれる」という期待は見当違いである。日本の民事裁判には、隠している事実を強制的に開示させる強制力はない。あくまで法廷に提出された証拠（モノ、証言）を裁判官が比較・検討して「どちらが相対的に信用できるか」を決めるにすぎない。うその証言を法廷でした場合の偽証罪の適応も、ほとんどない。偽証罪は刑法が禁止する重罪だが、ほぼ死に法になっている。警察や検察が「家宅捜査」や「逮捕」といったモノや人の強制的な開示力をもっている刑事裁判と、民事裁判とでは「真実の発見能力」には大きな差がある。

では、民事裁判での議論は、ネット上での議論と何が違うのか。まず「ジャッジ」が裁判官なのか、読者なのかという違いがある。そして敗訴した相手への強制力（財産の差し押さえなど）が裁判所にはある。「ネットで可能な言論での反論を超えて、裁判を反論の場とする」ケースは「どうしても裁判所での反論でなくてはならないケース」に限定されるべきではないかと筆者は考えている。

インターネット時代にスラップは増えこそすれ減らない

インターネットの普及は、スラップの攻撃対象が無数に増える時代の到来を意味する。

掲示板、ブログ、SNS（ツイッター、フェイスブックなど）はすべて「言論や表現を公に表明するマスメディア」である。パソコンとインターネット回線があれば、いやスマートフォンさえあれば、誰もが多数に意見・表現を公開できる。しかも、必ず発言内容の記録（ログ）が業者のサーバーに残る。法廷に提出する証拠が保存されているのだ。民事提訴の対象として「好条件」が揃っている。「匿名にしておけば身元はバレないから安全」という考えも誤解である。2001年に成立した「プロバイダー責任法」は、匿名の発言者であっても、求めがあれば、プロバイダーはIPアドレスその他の発信元情報を開示できることを定めている。提訴する側が匿名発言の発言者を割り出すことができる。プロバイダーが同意すれば直ちに開示される。同意しなくても、裁判所の判決があれば開示される。

ブログ、ウエブサイト、ツイッター、フェイスブックなどで、批判や反対など不利な言論を表明された相手が、民事提訴するリスク（可能性）は必ずある。ゼロにはできない。自動車を運転して公道を走れば、交通事故を起こす可能性をゼロにはできないのと同じである。インターネット時代以前には、スラップ提訴される対象は記者、弁護士、学者など「職業言論人」がほとんどだった。マスメディアで意見を表明できる人が職業言論人にほぼ限られていたからである。しかし、ネット時代は「誰でも言論人」なので、誰でもスラップ提訴されるようになった。

逆にいうと、ネットが持つ「マスメディアとしての影響力の大きさ」が、批判や反対を大きく広める力を非職業言論人にも与えたということを意味する。スラップ提訴の増加は、こうしたネット言論の影響力が増えたことの裏返しの現象でもある。

私が2010年～2011年にかけてアメリカを取材して回ったとき、頻発していたのは「BBSスラップ」「ブログスラップ」など「インターネットで表明された言論へのスラップ」だった。第1章で述べたドライ・クリーク事件でも、反対運動のウエブサイトに掲載されていた採掘現場の写真が「企業秘密の漏洩」「敷地への不法侵入」と提訴された。第1章で取り上げた千葉県船橋市の「フージャース事件」でも、提訴したマンション会社が住民との和解条件として合意したのは「反対運動のウエブサイトの閉鎖」だった。ネット言論がスラップの対象になる時代はもう来ているのである。

裁判所というパブリックシステムの浪費を防ぐ

もうひとつ、日本にスラップ被害防止法を導入する大きな社会的な意義がある。裁判所の資源の浪費を減らすことだ。

アメリカの法律専門家はスラップ被害防止法を（スーパーのレジや高速道路の料金所の）「優先レーン」（Fast lane）と例える。提訴された訴訟がスラップかどうかだけを先に調べて、スラップなら審理に入らずに棄却してしまう。アメリカでも裁判官や書記官は過剰な訴訟を抱えて忙殺されている。

法廷で争う実利のない訴訟から優先的に落として行き、裁判所の過剰負担を是正する。スラップ被害防止法にはそうした役割もある。

裁判所は税金で維持されているシステムである。その資源の浪費を防ぐことは、国民の税金の浪費を防ぐことでもある。これは公共の利益にかなう。本来資源を注ぐべき裁判に資源を回すという意味でも、公共の利益にかなうと筆者は考える。

刑事告訴はスラップなのか

刑事告発・告訴はスラップなのか。筆者がよく受ける質問である。

よく質問される実例は、富山県で東北から運ばれたがれき焼却灰の搬入に反対した住民が刑事告訴された事件だ。２０１３年2月、富山市周辺のごみ処理を担当する「富山地区広域圏事務組合」が、前年12月に同市の最終処分場への搬入を阻止しようとした住民ら十数人を威力業務妨害の疑いで県警に告訴した事件だ（不起訴処分になり終結）。

この事件をスラップだと報じた新聞もあった。が、これは誤解である。「何かに反対や批判をして、裁判所に引っ張りだされたら、それはスラップですね」と聞かれる。これも誤解である。スラップの定義は民事訴訟だけに限られる。なぜか。

繰り返しになるがもう一度いう。民事提訴は「いつでも」「誰でも」「誰を標的にでも」「他の誰の判断も交えずに」「合法的に」「少ないコストで」「批判者を攻撃できる」点が「危険」なのだ。

刑事告訴・告発は、裁判化されるまでに、告訴・告発者以外の判断が多数入る。

警察：身柄を拘束（逮捕）するかどうか。書類だけを検察庁（区検あるいは地検）するだけにするか。事件を検察庁に送致するかどうか。

検察庁：事件を裁判所に起訴するかどうか。不起訴または起訴猶予という選択肢もある。

このハードルをすべて超えなければ事件は裁判化はされない。つまり「批判者に苦痛を与える」という点で民事提訴と刑事告訴・告発のどちらが危険かと問われれば、今の段階では「民事提訴のほうが危険」と言わざるをえない。

プリング＝キャナン共著の“SLAPPs:Getting Sued for Speaking Out”の第1章9頁にはこうある。

「定義・スラップとは何か？

スラップの基準はこうである。まず、裁判化されたものに限る。他に、政治的な反対者を抑圧する手段が多数あることは我々も認識している。雇用での報復（内部告発者など）、ボイコット、村八分、物理的暴力などである。そうした相手に圧力をかける作戦についての研究は数多い。しかし驚いたことに、政治的な恫喝のために裁判を利用するという方法を研究した人は誰もいないのだ」。

そして3つ目にこう書いている。

「民事裁判に限る。刑事訴追も、政治活動を抑圧する手段として使いうる。私達も、こうした『刑事裁判スラップ』に関係した人々からよく問い合わせを受ける。しかし、刑事訴追のケースは、今回調査できた範囲を大きく超えている。もちろんさらなる研究は大いに実益があるだろう」。

つまりプリング・キャナンの共同研究の段階では「今回は刑事まで調査の手が回りませんでした」というニュアンスが強い。

もちろん、刑事告訴・告発は、裁判化されれば苦痛は民事の比ではない。逮捕されれば身体的自由を奪われる。スラップ的な刑事告訴・告発についての調査とさらに緻密な議論が必要であることは強調しておく。

日本の言論の自由はアメリカより50年遅れている

ひとつ記憶にとどめてほしいのは、言論の自由を保障する「法的環境」の日米の違いである。例えばスラップで多用される「名誉毀損」。日本では名誉毀損は刑法の「名誉毀損罪」と民事訴訟での名誉毀損の両方がある。一人の批判者を攻撃するために、民事裁判を提訴し、そのうえ刑事告訴・告発することも可能だし、現実にそういう実例も少なくない。

アメリカでは、名誉毀損を禁じ罰する刑法上の名誉毀損罪そのものがもともと存在しないか、あっても前述した1963年の連邦最高裁判例「ニューヨーク・タイムズ対サリバン事件」で実体上「死に法」になっている。起訴しても同事件で裁判の基準になった「アクチュアル・マリス基準」があるために、有罪にすることがほとんど不可能だからだ。

つまり、プリング・キャナンの定義やアメリカ各州の法律が刑事告訴・告発をSLAPPに含めていないのは「言論を刑事告訴・告発で攻撃することは事実上不可能」という法環境の違いが背景がある。つまり刑事告訴・告発を言論攻撃に使うことができる日本と、できないアメリカの「言論の自由の環境の違い」なのだ。アメリカでは「言論によって逮捕されたり刑事訴追されることはほぼない」ことになる。この違いは見逃してはならない。「ニューヨーク・タイムズ対サリバン事件」は52年前の判例である。スラップの定義をつくったアメリカが想定しえないほど、日本の言論の自由の保障が立ち遅れているということだ。あえて強い言い方をすれば、日本の言論の自由の保障はアメリカより少なくとも50年遅れている。

こうした名誉毀損の刑事・民事での重複が解消されないことも含めて、私は日本は米国より法環境が「言論に制限的なのではないか」と思える。そう思って見回してみると「刑法の名誉毀損罪は不要ではないか」「民事訴訟だけで対応できるのではないか」という意見はこれまでに多数出ている。

民事に限っても、名誉毀損訴訟での立証責任が、日米の間ではまったく反対である。アメリカでは、名誉毀損だと提訴した側に「この言論は名誉毀損だ」と法廷で証明する責任がある。日本では提訴された側が「名誉毀損ではない」と立証しなくてはならない。ここでまず、日本の民事裁判は提訴した側に有利である。提訴だけして「これが私の名誉を毀損してないと証明してごらん」と相手にボールを投げてしまうのである。スラップのように、訴訟を攻撃手段として使う場合、この構造が提訴側に有利に作用することはいうまでもない。

被告側が「名誉毀損ではない」と証明するための基準は判例で決まっている。「公共性」「真実性」「真実相当性」という。名誉毀損にならない「免責要件」である。

公共性＝プライバシーに属することではなく、社会の誰もが関心・利害（public interest）を持ってしかるべき事柄であるかどうか。

かつ

　真実性＝書いてあることが本当か。本当なら名誉毀損ではない。

かつ

　真実相当性＝書いてあることが本当だと被告が信じるに足る取材や材料、根拠があったか。あれば、記述が真実でなくても名誉毀損ではない。

これが論点一つひとつについて問われる。ある本の内容について、原告が一冊の本の内容X_1からX_{200}まで200カ所の記述について「名誉毀損だ」と提訴すれば、被告は「いや、名誉毀損ではない。なぜなら、記述X_1は公共性があり、かつ真実性があり、かつ真実性がある」「X_2は（以下同文）」……

「X200は～」と証明しなくてはならない。一カ所でも証明に失敗すれば判決は「名誉毀損があった」となる。

お分かりと思うが、このハードルを全部クリアするのは至難の技だ。確率としてゼロに近い成功率ではないだろうか。

こうして、日本の名誉毀損の立証構造は被告の負担が過剰に大きい。原告は「名誉を毀損された」と提訴するだけでいい。後は被告が立証に失敗しさえすれば、裁判では勝てる。

これは、あまりに非対称的すぎると筆者は考える。こうした「名誉毀損の立証構造の非対称性」も、私が日本の法環境が言論に過剰に抑圧的であると感じる理由のひとつだ。

福島第一原発事故という巨大な論点が起きた

こうした言論の自由の保護が立ち遅れた日本で、福島第一原発事故という極めてコントロバーシャルな（見解が対立する）問題が発生したのは、不運な偶然である。

もちろん原子力発電所の是非については、事故前から大きく見解が分かれ、対立してきた。しかし、それだけではない。

原子力発電所から放射性物質が大量に放出され、万単位の人々が被曝し、広大な面積が汚染されるという事故は、人類の歴史でも3回（スリーマイル島原発、チェルノブイリ原発、福島第一原発）しか起きていない歴史的惨事である。こうした低線量長期被曝が人体や生態系に与える影響は、経験値が少なく、実測データが乏しい。サイエンスの世界でも結論が出ていない領域が大きい。つまり論争の余地が大きく対立が生じる論点が無数にある。

そして健康に被害があった場合はがんなど致死性の病気として発症する。致死性でなくても、心臓、肝臓、消化器、眼などの異常として現れる。身体や生命に深刻な被害を与えるのだ。

ばらまかれた放射性物質は長期にわたって環境や人体に残留する。例えばセシウムの半減期は約30年。30年たってやっと半分に減る。また放射性物質の影響によるがんの潜伏期間は30年以上にも及ぶ。長期間、社会問題として残る。

環境省の調べでは、被曝した人数はおよそ23万人いる。問題に巻き込まれた人数が莫大である。

原発は、国のエネルギー政策の主要な部分である。つまり議論の対象が「国の政策」「税金の執行」である。「有権者」として「納税者」として、当事者が莫大に多い。また日本に住む人であれば、すなわち「電気の消費者」である。つまり「議論の当事者」が無数にいる。

こうして、福島第一原発事故は、日本中の莫大な人数に、30年以上という長期間にわたって「対立点」「論点」を与えた。この論点をめぐって表明される言論は莫大な数にのぼるだろう。

原発をめぐる論争では、すでにスラップが発生している。山口県・上関原発の建設反対派に中部電力が起こした工事妨害の損害賠償訴訟である（第4章参照）。既存の原発も、福島第一原発事故以後、休止しているものを再稼働させるかどうかの選択をしなくてはならない。福井県・大飯原発（関西電力）の再稼働（2012年7月）の前には、現地や東京でデモが頻発した。今後も、スラップ被害防止法が制定されない限り、原発に関する言論がスラップの対象として増える可能性は高い。私はそういう悲観的な見方をしている。

「報道被害」の救済をどうするのか

報道被害救済の道を閉ざす懸念

スラップ被害防止法を日本に導入するとき「報道被害が救済されなくなるのではないか」という懸念が予想される。

報道被害とは「誤報や事実と確認されていない事を決めつけた報道をしたり、事実を故意に編集し誇張した報道により、被報道者の生活基盤、人間関係、名誉などを破壊してしまうこと」を指す。こうした被害者の「救済」や「名誉回復」の場として、民事裁判が機能してきたことは否定できない。報道被害を救済するための弁護士の組織「報道被害救済弁護士ネットワーク」（LAMVIC）も2001年に立ち上げられている。

「報道」も言論の重要な一部である。報道に対して民事提訴をすれば、それは「スラップ」の定義にぴったりとはまってしまう。そしてスラップ被害防止法の適応を受ければ、提訴は棄却されてしまう。これは報道被害救済の道を閉ざすことになるのではないか。そんな懸念が出るのは自然だろう。

「アカデミア・セミラス・デル・プエブロ事件」

実際に、カルフォルニア州ロサンゼルスで起きた「アカデミア・セミラス・デル・プエブロ事件」を取り上げる。筆者は2011年2月に現地を訪ねて当事者に取材をした。

アカデミア・セミラス・デル・プエブロはメキシコや中南米からの移民が住民の大半を占める、ロサンゼルス東部にある公立学校である。2002年に創立された。スペイン語で「人民の種の学校」を意味する。幼稚園から8年生（日本でいう中学2年）までの子どもが通っている。

同校は多文化主義の独特のカリキュラムを持っている。英語のほかに、スペイン語、北京語に加えてアステカ文明時代のメキシコ先住民族の言葉を教えた。コロンブスが到達する以前の先住民文化や歴史の教育に力を入れていた。母文化を離れて育つ移民の子どもたちに、帰属意識や自尊心を育てようという積極的な学校だった。

2006年5月、地元AMラジオ局KABCの朝のトークショウで、ホストのダグ・マッキンタイアがこの学校を「レイシスト」「分離主義」「レコンキスタ運動（失地回復運動のこと。かつてカルフォルニアはメキシコの領土だった。同州のメキシコ系移民が政治的権利を主張する運動）に与している」と攻撃した。

アメリカのAMラジオでの朝のトークショウは、自動車で通勤する人々、特に保守的な白人男性を主なマーケットにしている。論調は彼らの好みに合うようになっている。進歩的な移民受け入れ政策やマイノリティの権利を批判・揶揄し、言葉遣いも「本音」である。日本でいえばスポーツ新聞に似ている。

このラジオでの発言がきっかけになって、同校にはいやがらせの電話やファクス、メールが殺到した。やがて「学校に爆弾をしかけた」という脅迫電話がかかってくるようになり、休校に追い込まれた。この事件はラテンアメリカ系の住民の憤激を買った。KABCの親会社がディズニー系メディア企業だったことから、ディズニー関連のボイコットと抗議デモが起きた。2007年4月、同校はKABCとマッキンタイアを被告に名誉毀損と公民権侵害、プライバシー侵害などで提訴した。

しかし、マッキンタイアとラジオ局側が反スラップ法に基づくスラップ動議を出し、裁判所もこれを認めたため、裁判は審理に入らずに棄却された。つまり学校の提訴はカルフォルニア州反スラップ法がいうスラップの定義に合致したのである。

このケースなどは、日本ならたちどころに「報道被害」「マスコミ被害」と言われるだろう。しかしカリフォルニアではそうはならない。

反スラップ法では「学校＝弱者・マスメディア＝強者」という発想が誤りであることがわかる。反スラップ法の目的が「弱者保護」ではなく「言論の自由の保護」「裁判制度の保護」だからである。

同州を取材で回ったおり、スラップ対策弁護士や州議会の関係者に「どうすれば学校の名誉は回復するのか」「被害は救済されるのか」と尋ねてみた。すると次のような答えが返ってきた。

「学校や住民はウエブサイトに反論を書き、デモをしたりボイコットをしたりして、反論や抗議の言論を公にしている。言論には言論で反論すればよい」。

「ラジオ局やディズニーはデモやボイコットをかけられ、それがニュースになって社会的な非難を浴びた」。

こうした報道被害事件に日本の反スラップ法はどう対応すべきか。答えは「カルフォルニア州法のままでよい」だ。提訴された側は「これはスラップである」という動議を裁判所に出す。裁判官は提訴が「批判や反対などの言論表明がらみかどうか」を先に審理する。裁判所がスラップだと認めればその時点で棄却される。認めなければ、通常の審理に入る。

同じように裁判の最初で被告に「これはスラップである」という動議を出す権利を与えればよい。動議が出て、スラップだと裁判官が認めれば、そこで終わり。これは「報道被害だ」と思うなら審理に入ればいい。つまり審理するかどうかを裁判官が判断すればよいのである。

第7章 もしスラップ提訴されたらどうすればよいか

ある日突然やってくるスラップ提訴

この章では少々視点を変えて、あなたがスラップ提訴されたとき、具体的にどう行動すればよいかを記す。筆者が実際に提訴されたときの経験もふまえて話してみよう。「スラップ提訴された時のための被害軽減ガイド」である。

脅かすようで恐縮だが、老若男女、誰でもスラップ提訴される可能性がある。第4章でとりあげた「高江米軍ヘリパッド訴訟」では、当初の仮処分申請には小学生の女の子まで被告に入っていた。

誰も「私は無関係だ」と安心することはできない。インターネットで誰もが発信できるようになった現在では、誰もが自分の意見や考え、感想をごくカジュアルに、かつ日常的に公（パブリック＝不特定多数が見ることができる状態）にしている。ブログやウエブサイトといった旧来型のネットメディアだけではない。フェイスブック、ツイッター、ラインといったソーシャル・ネットワークサービス（ＳＮＳ）でも、文や写真がパブリックになる。こうしたメディアを日常的に使うなら、あなたがスラップ提訴されるリスクをゼロにすることはできない。

「誰からも恨まれるようなことは書かない」と思っても、あなたが知らないところで、あなたを嫌い、邪魔に思い、排除しよう、攻撃しようと思う人物が発生する可能性をゼロにすることはできない。ごくまじめに勤務しているつもりでも、経営者があなたをリストラしようとしたために労組に加わったら、経営者があなたをスラップ提訴することは起こりえる。第4章で書いたＤＨＣ事件で実際に起きたことである。

文だけではない。写真やイラストも提訴される可能性がある。名誉毀損だけではない。営業妨害、秘密の漏洩、著作権の侵害、私有財産の侵害、などなど請求理由は無数にある。第4章で述べたとおり、おとりや虚偽、でっち上げをネタに提訴されることもある。民事裁判は「いつでも、誰でも、どんな理由でも」提訴できる、自由度の高い制度である。あなたが「私は間違ったことはしていない」と思いながら生活していても、１００％安心することはできない。スラップ提訴はある日突然やってくる。

内容証明郵便が来たら提訴を覚悟せよ

スラップ提訴はある日突然、晴天の霹靂のようにやってくる。予測することはほぼ不可能だ。唯一、前触れになりうるのは「内容証明郵便」が届くことだ。あなたを提訴しようと思っている相手が、あなたに質問あるいは何らかの通知を送ってくる。郵便局がその内容を確かめ、本人に配達したことを証明するので「内容証明郵便」という。「そんな知らせはもらっていない」と否定できないようにする連絡手段である。

なぜ提訴に先立って内容証明郵便を送ることが多いのか。内容証明を送って半年以内に提訴すると、配達の時点までさかのぼって民事時効が停止するからだ。したがって、内容証明郵便が届いたら、差出人はあなたを提訴しようとしていると考えるべきだ。

内容証明郵便にうかつに返信してはならない。あなたが書いた返信は法廷で証拠に使われる。もし新聞社やテレビ局、ネット媒体の取材に答えて出た記事や、ネットや出版社が出した媒体に載っている記事が対象になっているなら、ただちにその社の担当編集者に連絡すべきである。媒体になった社は「編集責任」を追っている。彼らにも内容証明郵便が来ているか確認する。もし届いているなら、彼らも被告になる可能性が高い。その場合は、掲載社が顧問弁護士に弁護を担当させたり、あなたの雇った弁護士費用を負担してくれることもありえる。交渉しよう。

もし掲載企業に届いていないなら、あなただけが被告になる可能性が高い。筆者だけを提訴で攻撃し、資金や組織のある掲載媒体企業から孤立させることも、スラップの作戦としては日常的に行われる。しかし、掲載した媒体企業の編集責任は依然変わらず存在する。被告にならなくても「訴訟参加」するという法的な手続きがある。自分も当事者として訴訟に加わるという方法だ。これを媒体企業に求めよう。味方は多ければ多いほうがよい。

反対に、掲載した媒体企業があなたを見捨てることもある。組織内での責任問題になるのを恐れて、裁判に関わることから逃げることもある。第4章で紹介した「新銀行東京事件」はそうだった。そうした無責任な態度を掲載企業が取った場合は、そうした事実を含めてネットで公開すればよい（第4章参照）。世論の非難が提訴者だけではなく掲載媒体企業にも向く。

ブログ、ツイッターやフェイスブックなど、あなたが単独で公開した文章や写真が争点になった場合は、あなただけが被告になる。そう覚悟したほうが良い。

内容証明が届いたら、返信前に必ず弁護士を見つけて相談する（探し方は第3章参照）。そして返信するかどうか、その内容をどうするか、いつ返信するかを含めて相談しなくてはならない。文面の内容から始まって、そうした判断一つひとつが、裁判の行方に影響するからだ。繰り返すが、内容証明郵便は提訴の前奏曲である。

なお、裁判やクレームに手慣れた雑誌編集部などは、内容証明郵便が来た時点で、差出人に会って説明する、場合によっては謝罪するなどの方法で裁判になるのを回避してしまうこともある。内容証明郵便が来たら必ず提訴されるとは限らない。まだこの時点では裁判を回避することも選択肢としてありえることを覚えておいてほしい。

始まりは裁判所からの書留郵便

あなたが提訴されたとき、最初の知らせは多くの場合、裁判所から届く書留郵便である。提訴のあった裁判所名の入ったものものしい茶色の封筒を持って、配達人があなたの印鑑かサインを求めてチャイムを鳴らす。残念ながら、この時点から一審判決まで1~2年、あなたの生活はスラップ裁判に振り回されることを覚悟しなくてはならない。「裁判を中心に生活が回る」と言ってもいい。

封筒を開けると「訴状」が入っている。訴えの内容や請求金額が書かれている。あくまで一方的な「相手の言い分」なので、あなたを攻撃する、読むと頭に血が上るような内容が書いてある。これを真に受けて怒り狂ったりパニックしたり、感情的になってはいけない。またなる必要もない。ゆっくり裁判で反論すればよいのだし、相手の言い分が正しいのかどうかを決めるのは裁判官である。判決が出てみれば、訴状に書かれていることは全面否定されることもある。

ここはあくまで冷静に。同封物の中から、担当の裁判所と部署（多くの場合は『民事P部』など）、担当書記官の名前が書かれた書類を探す。そこに「事件番号」「返答期限」も書かれているはずだ。

第一にしなくてはならないことは、この裁判所の担当書記官に連絡することだ。弁護士を探すことではない。この順番を間違えないでほしい（もし、先に内容証明郵便を受け取っているなら、弁護士はすでに決っているだろう）。

何を担当書記官に連絡するのか。「相手の主張を認めない。裁判で争う」意思を伝えるためである。これを「応訴」という。まず電話でそう伝える。次に、ワープロでも手書きでもいいので、紙に事件番号を明記し「本事件について原告の請求を棄却する判決を求める」と書く。あなたの住所と氏名を書き、印鑑を押す。それをファクスで裁判所の担当書記官にあてて送る。その書類はコピーを取り、原本を「間違いなく裁判所に送付した」証拠が手元に残る配達方法で送る。内容証明はややこしいので、配達証明郵便や書留郵便でよい。あるいは宅配便でもよい。これを裁判所の決めた返答期限までに必ずやる。

なぜそうしなくてはならないかというと、提訴されても無視してほっておくと、期限を過ぎた場合「相手の言い分をすべて認めた」ことにされてしまうからだ。もし相手の請求金額が1億円なら「1億円の損害を相手に与えたことを認めます。1億円払います」という意思表示と裁判所が認定してしまうのだ。判決上では提訴した側の全面勝訴になる。

あなたは、提訴した側に1億円の負債ができた立場になる。「払わない」と抵抗しても無駄である。相手は裁判所を通じて強制執行の手続きを取ることができる。国家権力があなたの給料や銀行預金、不動産などを差し押さえる。競売にかけて現金化し、提訴した側に払う。あなたは預貯金や持ち家を失うかもしれない。「そんなむちゃな」と思うかもしれないが、法制度がそうなっているので、どうしようもない。無視してはならない。日本の民事訴訟制度はそれくらい「スラップする側」に有利なのだ。

逆にいえば「原告の請求を棄却する判決を求める」と裁判所に書類を送って、届いたことを確認したら、ほっと息をついてよい。そして気持ちを落ち着け、焦らずに弁護士を探す作業を始めよう。裁判所からはすぐに「第一回口頭弁論（法廷を開くことを民事裁判では口頭弁論という）の期日を決めたい」と催促の連絡が入るが「まだ弁護士が決まらないので待ってくれ」と言うことができる。「弁護士が決まったら連絡する」と伝えればよい。

弁護士は「誰でもいい」ではない

法律の世界に縁のない一般市民は普通知らないことだが、弁護士にも「専門」「得意分野」がある。離婚や相続などの「家事事件」、サラ金や霊感商法など「消費者事件」、リストラや雇用問題など「労働事件」のほか「医療過誤」「カルト」などと細かく分かれている。それぞれの分野で、判例や学説に分厚い蓄積があるので、それをふだん勉強して最新の事情に通じていることや、同種の訴訟を経験していることで、その分野に「強い」弁護士がいる。

スラップ裁判は「言論事件」という分野に該当する。言論事件は専門性が高い。名誉毀損なら、名誉毀損の免責要件や判例などを知らないと、裁判での弁護が組み立てられない。専門外の弁護士だと、にわか勉強では太刀打ちできない。そうした「専門」「得意」分野ではない弁護士に依頼するのは危険である。

提訴された側の心理として「誰でもいいから、できるだけ早く弁護士を決めたい」という誘惑がある。一人で提訴された場合は特にそうだ。不安だからである。

筆者もそうだった。しかし、知り合いの記者を頼って紹介された弁護士は、言論事件は経験不足だった。しかも、言論事件という専門があり、自分が専門外であることを私に告げなかった。「弁護士なのだから」と信用したら、実は極めて練度が低かった。その結果、裁判所に出すべき陳述内容や書類を忘れるなど、初歩的なミスを重ねた。その結果一審はこちらが敗訴した。見かねた別の記者が言論事件に強い弁護士を紹介してくれた。弁護士を交代させたとたん、あっという間に形勢が逆転して二審では相手が敗訴宣言して撤退した。弁護士が違うだけで、同じ裁判がこうも形勢が逆転するものかと感嘆した。

医師なら「歯科」「眼科」「整形外科」と「診療科目」が明記されているので、足を捻挫して眼科に行くことはない。困ったことに、弁護士には医師の診療科目にあたる表示がない。わかりにくいのだ。「知り合いの弁護士を紹介してあげよう」となどと持ちかけられても、すぐに飛びついて契約してはいけない。良心的な弁護士なら「私は言論事件は専門ではありません」とはっきり言う。が、専門でもないのに「何でもやります」などと安請け合いする弁護士もいる。

記者や弁護士に片っ端から連絡して「言論事件に強い人を教えてくれ」と頼む。訴状をコピーして持参し、何人か弁護士を訪ね、話をする。自分と相性がいいのか。信頼できそうか。言論事件に詳しいのか。自分の目で確かめる。そうした地道な方法を重ねるしかない。

残念ながら、スラップという概念がまだ本格的には日本の法曹界に紹介されていない（本書が初めての試みになる）ため、スラップに「強い」というほどの知識のある弁護士はほぼゼロである。自分がスラップ提訴されたり、スラップ裁判の弁護経験がある弁護士は何人かいる。第4章で取り上げた「幸福の科学事件」の山口廣弁護士、「ホームオブハート事件」の紀藤正樹弁護士らである。

そしてそれらの弁護士の多くは東京に集中している。

「提訴された」ことをどう発信するのか

「提訴された」とネットで情報発信する。記者会見する。記者の取材には積極的に応じる。そうやっているうちに支援者が集まる。

あなたが提訴されたことは、相手とあなた、裁判所しか知らない。民事裁判は公開が原則だが、一つひとつの案件が積極的に社会に告知されることはない。そのままにしておくと、社会がスラップ提訴を知らないままになる。スラップ提訴の目的はあなたを沈黙させること、あるいは発言に対して罰を加え、将来の発言を抑止することである。そして、できれば社会的な注目がないまま、あなたの言論を葬りたいと考えている。沈黙すればするほど相手の思うつぼである。反対に、社会的な注目が集まると、相手も慎重になる。あまり無茶は動きは取れなくなる。

スラップ提訴されたら、その事実を社会に発信しよう。ブログ、ツイッター、フェイスブック、メーリングリスト、BBSなど、インターネットでただちに発信してほしい。時間が経つと新聞やテレビなど速報性の高いメディアは記事にしづらくなる。

そのとき、相手が送ってきた訴状をPDFファイルで公開しておくのも重要だ。訴状の中身がわからないと、どんな提訴なのか当事者以外にはわからない。相手や自分の住所を公開したくなかったら、そこだけ塗りつぶすなり消すなりしておけばよい。ブログやウエブサイトからダウンロードできるようにしてもいいだろう。

新聞やテレビに接触するには、県庁所在地の「地方裁判所」にある記者クラブに連絡するのがよい。

地元紙、全国紙、テレビ局の司法担当記者が揃っている。だいたい裁判所の代表番号から内線でつないでもらえる。「幹事社」を呼び出してもらって「記者会見したい」あるいは会見しなくても「資料を提供したい」と申し入れる。記者会見はできるだけしたほうがいい。弁護士だけではなく本人が出るほうが、記者に説得力がある。訴状のほか、自分の連絡先（弁護士事務所でもよい）、氏名、生年月日、提訴への考えなどをＡ４紙２〜３枚にまとめてコピーして配る。

また、スラップ裁判を長く取材している私のようなフリーの報道記者に連絡することも、是非遠慮しないでほしい（連絡先は巻末に示す）。

こうして社会に「スラップ提訴された」ことを発信し続けていると、ほかの媒体（週刊誌や月刊誌、ネット媒体）やフリー記者の取材がそれを見てやって来る。市民団体や労組が支援してくれるもしれない。カンパしてくれるかもしれない。味方は多ければ多いほどよい。

そして口頭弁論（法廷）が開かれるたびに、記者会見し、ネット記事を更新して、最新の動きをアップ・デートする。裁判の進行は遅い。一審判決までに１〜２年かかる。その間に、取材に来る記者も減る。新聞テレビは提訴すら記事にしないことが多い。判決まで何も書かないことも多々ある。新聞テレビは社内の責任問題になるのを恐れて、民事裁判の記事化は最小限にしようとする。スラップの問題も正確に知る記者はほとんどいない。「これはスラップだ」と記者に訴えても、理解し記事にしてくれる記者はほとんどいない。担当記者が人事異動で交代することも多い。新聞・テレビのような大企業型報道はそんなものだと思っておいてほしい。逆に、もし理解する記者、ずっと粘り強く裁判を取材する記者がいたら、是非大切にしてほしい。

スラップ提訴されたあなたの日常や心境を、日誌として記録することも重要である。ブログなどネットで公開するのがいいだろう。あなたは「スラップ提訴の被害者」という社会的に貴重なサンプルになったのだ。その経験を社会にシェアすることで、また後の被害者が救われる。民主主義にとって貴重な記録になる。

疲弊をできるだけ避ける

ある日突然提訴されて、まったく不慣れな裁判や法律の世界に放り込まれる。時間を消費する。仕事の予定や休日が吹き飛ぶ。家族と過ごすはずの時間を奪われる。いつも不安で、いらいらする。「一体なぜ自分がなぜこんな目に遭うのか」と納得がいかない。腹立たしい日々が続く。

しかし、そうした肉体的・精神的・金銭的な労苦を負わせることすべてが、スラップの作戦なのである。「こんなにつらい目に遭うくらいなら、発言を撤回して謝罪し、提訴を取り下げてもらおう」とあなたが思うように、提訴した側は仕向けたいのである。

「民事裁判で相手を疲弊させて自分に不利な発言を抑止するように仕向ける」ことがスラップの本質

なのだから、疲弊を回避することが裁判を乗り切るコツである。私は「負けないための最低限の努力をして、あまり肩に力を入れない」「そしてもともと公共の利益に関係のない裁判なので、裁判所がどういう判決を出そうが、重要ではない」つまり「負けようが勝とうが公共にとっては重要ではないと考える」ことを勧めている。

私は自分がスラップ提訴されたとき、それまでに記者という職業言論人を20年以上やっていたので「これは言論人としての信念と矜持を守るチャンスだ」と考えることにした。私が屈服しないことはが「言論の自由」という公共の財産の防衛であり、市民としての民主主義への貢献だと考えるようにした。また、それまで刑事・民事問わず「裁判」を集中的に取材する機会がなかったので「当事者として裁判制度や裁判所を間近に取材するまたとない好機だ」と発想を切り替えた。係争中、よく冗談半分で「神様の人事異動で『裁判所研修』に行っています」と人に説明していた。

そうやって裁判所に通い、弁護士と打ち合わせを重ね、裁判官と話をするうちに、日本の裁判制度の実態がクリアに見えてきた。いいところも悪いところも見えた。そしてもちろん、スラップという問題を調べるきっかけになった。その結果が本書であり、それ以前には『俺たち訴えられました』（河出書房新社。西岡研介氏との共著）という著作になって結実した。大きな犠牲を払ったが、それに見合う貴重な経験を得た。

しかし、これは私が記者という職業言論人だからである。一般市民がスラップの標的になることが日常化した現在、職業言論人でもない人に「言論の自由と民主主義のために、何が何でもふんばれ」と要求するのは酷すぎると私は思う。だから、そうした人には「発言を撤回して謝罪する」など「相手の要求する条件をのむ」という選択肢もある。相手の条件をのみ、和解手続きによって裁判を終結させることもできる。その自由もある。しかし撤回したらしたで、相手はあなたを「虚偽にもとづいて中傷したことを認めた」などと喧伝する可能性がある。「いい加減なことを言う人なのだ」と他者から烙印を押され、社会的な信用を失うかもしれない。挫折感や敗北感、無力感を抱えるかもしれない。どちらの選択肢にもリスクがある。最後は「どちらの結果を抱えて生きていくのがより納得できるか」を自問するしかない。

精神的に疲弊させることが相手の目的なので、あなたが怒れば怒るほど、悲しめば悲しむほど、落ち込めば落ち込むほど、相手の思うツボである。怒る必要も、悲しむ必要も、落ち込む必要もない。前述のように、パニックする必要もない。提訴されても不名誉ではない。「侮辱された」と思う必要もない。提訴は「利害が対立した人間が一方的な言い分をいっているだけ」である。

繰り返すが、あなたを精神的、感情的に揺さぶるのがスラップの作戦なのである。感情的になればなるほど、相手の思う壺である。

また、提訴されただけで「あいつも何か落ち度があるんだろう」的な偏見を持つ人は必ず出てくる。ひどい場合は、提訴されただけで、あなたを誹謗中傷・罵倒攻撃する人がネットなどに現れる。その多くは、まったく根拠もない虚偽だったり、妄想だったりする。私もそういう目に遭った。こうしたストレスも、スラップされることに伴う精神的な苦痛であり、スラップ提訴の作戦のひとつである。

知らない人なら、無視する。知人なら、袂を分かつ。そういった意味では提訴されることは危機ではあるが「本当の仲間・友人」を見分け、不要な人間関係を切り捨てる好機でもある。

時間は消費され、お金は出て行く。くたくたに疲弊する。いいことは何もない。私は、前述のように「自分は神様の采配によって、この国の言論の自由と民主主義を守る光栄ある役目に選ばれたのだ」と考えた。そしてその経験を社会に広め、後世に残そうと、こうして本を書いている。あなたの経験も、ネットで共有すれば、またどこかで誰かが救われるかもしれない。そういう発想の転換はどうだろう。

なぜわざわざこんなことを書くかというと、スラップ提訴されると、被害者が精神的にくたくたになるまで振り回されることが避けられないのを、私自身の経験を含めて知っているからだ。

その意味では「相手の土俵に乗らない」ことは非常に重要だ。繰り返すが、これは「提訴を無視せよ」という意味ではない。提訴されると、提訴された腹立たしさで、ついつい、真面目に、真正面から裁判の論点を争おう、勝とうとする人が大半なのだ。全力で闘おうとするのだ。

しかし、もともとスラップは相手が「ゲームを決め、そのルールも決めて仕掛けてきた闘い」なのだ。そして法廷で争われるのは「公共の利益とはすり替えられ、矮小化された論争」（第2章参照）でしかない。つまり「勝てればそれに越したことはないが、負けてもたいした意味はない」という程度の裁判なのである。つまり裁判自体が「裁判制度を悪用したいやがらせ」だとしっかり記憶にとどめ、力をセーブして行動するのがよい。

スラップは裁判自体がわなである。真剣に乗ってしまうこと自体が、相手の術中にはまることを意味する。むろん、前述のとおり、無視してはいけない。が「全力で闘う」のも相手の思うつぼである。究極の結論を言ってしまうと「スラップ裁判はどちらが勝とうが負けようが公共にとってはたいした重要性はない」のである。

もちろん、スラップという裁判制度の悪用によって言論を妨害する行為は最大限に批判されるべきだ。しかし、それは裁判所の判決が決めることではない。スラップ被害防止法がある国でも、裁判所の役割は「スラップ提訴された人の被害を最小限にとどめること」まででしかない。スラップ被害防止法のない日本では、ましてその機能は裁判所にはない。裁判制度の悪用を指摘し、正すことは、公共の言論がするべきことなのだ。

反訴はしてもよいがあまり期待しない方がいい

訴えられたとき、相手を「訴訟権の濫用」（濫訴）で提訴＝反訴することもできる。あなたがスラップ提訴を許容しない、闘う、という姿勢を相手や社会に示すには大変いい作戦である。ただし、反訴しても勝訴することはまず期待できない。繰り返すが、日本にはスラップ訴訟を規制したり被害を防止する法律は存在しない。また「できるだけ提訴のハードルを低くして、裁判所を利用しやすくする」という法の建前から、裁判所が「提訴そのものが違法である」と認めることはめったにない。第4章で述べた「武富士事件」のように反訴で勝訴した例もあるが、これは「提訴した企業の会長が逮捕され、裁判官の心証が極端に悪化した」という特殊な状況で起きた「例外」と考えたほうがよい。

○スラップ訴訟の経験がある日本の弁護士

・**紀藤正樹（ホームオブハート事件）**

リンク総合法律事務所

http://www.h4.dion.ne.jp/~kito/

〒102-0083　千代田区麹町４－７　麹町パークサイドビルディング３階

TEL：03-3515-6681

・**山口廣（幸福の科学事件）**

東京共同法律事務所

http://www.tokyokyodo-law.com

〒160-0022　東京都新宿区新宿１－15－９　さわだビル５F

TEL：03-3341-3133

・**飯田正剛（オリコン訴訟二審弁護団）**

飯田正剛法律事務所

〒105-0001　東京都港区虎ノ門５－12－13　白井ビル３階

TEL：03-3578-8284

・**小川朗（同上）**

東京桜橋法律事務所

http://tksb.jp/index.html

〒104-0032　東京都中央区八丁堀２－10－９　東八重洲MFビル６F

TEL：03-3523-3217

●資料・リンク集

○筆者・烏《う》賀《が》陽《や》弘道メールアドレス　hirougaya@gmail.com

○烏賀陽が運営するスラップの情報サイト「スラップ情報センター」

http://www.slapp.jp

○『俺たち訴えられました！――SLAPP裁判との闘い』河出書房新社

JR東日本労組との訴訟などスラップ訴訟の経験が豊富なフリー記者の西岡研介と、オリコン事件で初めてスラップを経験した烏賀陽が、その被害について意見を交換した本。

○アメリカで筆者が取材したスラップ関連法律団体

・California Anti SLAPP Project

http://www.casp.net

Mark Goldowitz 弁護士が運営するスラップ対策専門の弁護士事務所。またアメリカや諸国のスラップ関連の法制度のデータベースにもなっている。

・James Moneer Law Office

http://www.slapplaw.com/

カルフォルニア州でスラップを専門とするJames Moneer弁護士の事務所ウエブサイト。

・Public Participation Project

http://www.anti-slapp.org/slappdash-faqs-about-slapps/

ワシントンにある言論の自由保護を専門に活動するNPOのウエブサイト。スラップ被害防止連邦法案の動向をウオッチしている。

・Media Law Resource Center

http://www.medialaw.org

ニューヨークにある言論の自由関係を扱う法律NPO。新聞やテレビなどマスメディア企業への法務コンサルティングも行う。

◎著者プロフィール

烏賀陽 弘道（うがや・ひろみち）

フリーランスの記者、写真家。1963年京都市生まれ。1986年に京都大学経済学部を卒業。朝日新聞社記者になる。5年の新聞記者生活を経て、1991年から2001年まで『アエラ』編集部記者。同誌では音楽・映画などポピュラー文化のほか医療、オウム真理教、アメリカ大統領選挙などを取材。1998年から1999年まで同誌記者としてニューヨークに駐在。1992年にコロンビア大学修士課程に自費留学し、国際安全保障論（軍事学・核戦略）で修士課程を修了。2003年に早期定年退職しフリーランスになり書籍を中心に執筆活動を続けている。

主な著書

"Portrait of Fukushima 2011-2015: Life After Meltdown"（UPI, 2015）＝写真集
『フクシマ2041――スリーマイル島原発事故からの教訓』（ビジネス社、2015年）
『ヒロシマからフクシマへ――原発をめぐる不思議な旅』（ビジネス社、2013年）
『原発難民』（PHP新書、2012年）
『福島飯舘村の四季』（双葉社、2012年）＝写真ルポ
『報道の脳死』（新潮新書、2012年）
『報道災害』（幻冬舎新書、2011年。上杉隆氏と共著）
『俺たち訴えられました！』（河出書房新社、2010年。西岡研介氏と共著）
『カラオケ秘史』（新潮新書、2008年）
『『朝日』ともあろうものが』（河出書房新社、2005年）
『Ｊポップとは何か――巨大化する音楽産業』（岩波新書、2005年）
『Ｊポップの心象風景』（文春新書、2005年）
『文筆生活の現場』（中央公論新書ラクレ、2004年、共著）
『日本メディアの対クリントン政権観』（1993年、アメリカ連邦議会調査局）

スラップ訴訟《そしょう》とは何《なに》か

裁判制度の悪用から言論の自由を守る

2015年6月5日　第1版第1刷発行

著　者…………烏賀陽弘道
発行人…………成澤壽信
発行所…………株式会社現代人文社
〒160-0004　東京都新宿区四谷2-10八ッ橋ビル7階
振替　00130-3-52366
電話　03-5379-0307（代表）
FAX　03-5379-5388
E-Mail　henshu@genjin.jp（代表）／hanbai@genjin.jp（販売）
Web　http://www.genjin.jp
発売所…………株式会社大学図書
印刷所…………株式会社ミツワ
DTP編集………かんら（木村暢恵）
ブックデザイン…加藤英一郎

検印省略　PRINTED IN JAPAN　ISBN978-4-87798-610-0　C0036